# 日本伝承遊び事典

東京おもちゃ美術館編

黎明書房

# 四季の伝承遊び

正月・冬

### カマクラと雪うさぎ

雪がやんだら、手がかじかむ
のも忘れて遊びます。
→P34

### こままわし

ひものまき方、なげ方
を教えてもらいました。
→P188

秋

### 秋の草花遊び

落ち葉の穴からのぞいて見たら……。
→P102

**春**

## ひなまつり
園の子どもたちがひな人形を
つくって記念写真。
→P40

## 花いちもんめ
→P142

## 端午の節句
厄除けや強くたくましく
男の子が育つようにと、
虎の玩具もかざります。
→P44

**夏**

## すいか割り
親子で楽しむ夏のイベントです。
小さい子は目かくし無し。

## 松本の七夕人形
家の軒先に下げてか
ざり、子どもの無事
成長を祈ります。
→P71

## 花のかんむり
お花をつんだら、
お母さんがつくっ
てくれました。
→P60, 62

# 子どもが関わる年中行事や祭り

砺波市出町
子供歌舞伎曳山
（富山県）
春、2ヵ月間けいこして、
曳山の上で演じます。
→P214

かつぎまんどう（群馬県）
子どもたちが「万灯」をつくり、
ぶつけ合います。
→P207

東関東の盆綱（茨城県・千葉県）
お盆に、わら縄の輪に先祖の霊を依りつかせて
運ぶのは子どもたちです。
→P206

## さいの神（新潟県）

全国で、左義長、どんど焼きとも呼ばれている小正月行事。
→ P214

## おんごろどん（京都府）

小正月に、地面をたたいて「おんごろ（もぐら）」を追い出す農耕神事です。
→ P224

## シャカシャカ祭り（奈良県）

大きなわらの蛇をつくって町中をねり歩く野神祭。
→ P226

**高山 五つ鹿踊り**（愛媛県）

子どもたちが鹿になって、たいこを
鳴らしながらおどります。
→P234

**粟生のおも講と
堂徒式**
（和歌山県）
→P226

**虫送り**（香川県）

たいまつの列が、初夏の
あぜ道を幻想的に照らし
ます。
→P234

## 鬼夜のシャグマ（赫熊）の子どもたち
（福岡県）

大松明でおはらいを行う正月の火祭り「鬼夜」の中で、小学生男子がシャグマになって、鬼堂に潜んでいる鬼を追い出します。

→P242

## そらよい（鹿児島県）

秋の夕べに行われる豊作をいのる祭り。

→P244

# 東京おもちゃ美術館の伝承遊び

おもちゃ学芸員の伝承おもちゃ紹介
親子に手づくりの伝承おもちゃの魅力を伝える
パフォーマンスの時間は、東京おもちゃ美術館が
すすめる世代間交流の1つです。

**正月恒例の獅子舞**
頭をかまれると幸せになれる縁起物です。
→正月遊び P20

ベーゴマ
→P190

**沖縄の伝承玩具**
「ユッカヌヒー」にも並んだ張り子や
草編みのおもちゃたち。
→ユッカヌヒー P244

かるた →P23

# 今、なぜ「伝承遊び」か

文／松岡義和

## いつの時代も、子どもは遊びとともに

　青森県の三内丸山遺跡の発掘によって、縄文時代に生きていた人々の生活のようすがだんだんと詳しくわかってきました。縄文文化が1万年も続いていたということに驚きますし、私たちの想像以上に豊かな暮らしをしていたことも興味深いです。

　いつの時代にも子どもはいたのですが、縄文時代の子どもたちがどんな遊びをし、どんなものを玩具として使っていたのかは想像するしかありません。歴史を知る手立ては、遺跡にある物やその痕跡、絵、文字などですが、私たちが文字文化を持つようになったのが6世紀で、まだ1500年しか経っていませんから、縄文時代を文字の記録で見ることはできません。

　でも、石や土、小枝、水などの身近な自然で遊んでいたことは間違いないでしょう。イヌイットの人たちも文字は持っていなかったけれど、植物繊維のひもであやとりして図形をつくり、文字のかわりに使っていたそうですから、あやとりは子どもの遊びというだけでない意味がありそうです。

　さて、日本の子どもの遊びや玩具の歴史をたどるとき、江戸時代の書物に、今は「伝承遊び」「伝承玩具」と呼んでいるものが多数登場します。江戸時代は庶民の文化が花開いたころで、「子どもの遊び文化」に大人の文化が反映されていましたし、大人から子どもへ、子どもから子どもへと伝承されていきました。

　双六、凧あげ、かるたは日本全国に分布し、その地域ごとに特色があり、お正月を中心にしながら遊ぶ季節も地域によって違いました。

さすがに、こままわし、鬼ごっこ、めんことなると子どもの独壇場でしたが、もとは子どもだった大人の中に名人芸をもっている人もいました。紙は貴重品でしたから、紙で遊ぶようになったのは昭和時代に入ってからで、紙鉄砲、折り紙飛行機、紙の万華鏡は、まだ歴史が新しいです。

## 遊びが子どもを育み、豊かな社会をつくる

　1960年を境にして、日本の社会は高度成長期となり、地方から都市へ工場労働者として人口が移動しました。地方でも都市でも、子どもが夢中になる遊びが変わり、「ガキ大将」もいなくなってしまいました。その後、たった50年くらいの間に、子どものおもちゃも工場でつくられる製品となり、消費主義にあおられて、大きく様相を変えてしまいました。

　決して懐古趣味で昔を懐かしがるのではありません。「伝承玩具」には、子どもたちの感性を育てる大切な基礎能力がありましたし、「伝承遊び」によって、子どもたちは社会秩序の最初のルールを学び、想像力と創造力を豊かにしました。子どもたちが成長して、大人になり、社会の一員として生きていくためには、約束を、法を守る秩序が必要だし、どんな職業に就いても前頭葉を働かせ想像力を豊かに展開しなければ、進歩も改革もありません。それには何が必要ですか？　遊びなら何でもよいでしょうか？

　「たかが伝承遊び」ですが「されど伝承遊び」です。21世紀に生きる子どもたち、大人たちが、豊かな創造性をみがき、感性を高めなければ、自然の中で生き、奇跡の水の惑星である地球の中に生きていることの喜びを味わうことはできません。

　今、子どもたちは本当に幸せなのでしょうか。縄文文化の1万年の尺度で考え直してみたいと思います。

# 民俗学から見た伝承遊び

文／小島摩文

## 伝承遊びと民俗学

　民俗学を体系づけた柳田国男は、庶民の生きた歴史にはじめて目を向けた人である。それまで、歴史と言えば支配する側の歴史だけが扱われてきた。小学校で教わる歴史をみても織田信長や豊臣秀吉などの為政者の戦の連続である。

　しかし、柳田国男はそれまで顧みられることのなかった庶民の暮らしがどうであったかを考え、普通の日本人である私たちの祖先がどのような暮らしをしてきたのかを明らかにしようとした。

　柳田国男は明治8（1875）年の生まれである。まだ江戸時代の文化、近代以前の生活が残っている中で育った。そして昭和37（1962）年まで生きた。さまざまな価値観や髪形、服装、言葉など身近な生活習慣が大きく変化する中を生きてきた。

　そうした柳田は、また、庶民の中でもさらに忘れ去られた存在である子どもの歴史にも注目した。

　昭和16年に朝日新聞に連載され、昭和17年に単行本にまとめられた『こども風土記』では「かごめかごめ」や「ままごと」などの子どもの遊びを民俗学的に考察した。いわゆる「伝承遊び」である。

　言葉に敏感で、説話研究に熱心だった柳田にとって、伝承遊びは、まず、言葉の缶詰として捉えられた。そこには大人の文化と交渉しながらも独自の体系を持った子どもの共同体が保存してきた古い言葉、古い言い回しが残っている。

　たとえば、「ネッキ」「ネンボウ」「ネンウチ」という遊びがある。これは木の鉤の先を尖らせて、地面に立てたり、相手の立てた木の鉤を倒す遊びである。子どもたちはこれを「根木」や「根っこ棒」「根打ち」のように解釈しているが、柳田

は、さまざまな類例をあげて、これが「念木」「念棒」「念打ち」であると説明する。神事としての的射に登場する「念者」「念人」から出た言葉だという。

また、「あてもの遊び」の一種である「かごめかごめ」の「かご」は「籠の中の鳥は」という文言から、「鳥籠」だと思われがちだが、まず、しゃがめと言う意味の「かがめ、かがめ」が「かごめ、かごめ」になり、「籠目」から「鳥」が連想されたという。そのあとは言葉遊びで「夜明けの晩」「後ろの正面」と反対の言葉をつなげることでナンセンスを楽しむ。

柳田はこうした言葉を子どもたちの長年の創作と考えていた。その一方で、大人が作った新しい遊戯歌に関して「文句がややこみいっているためだろうか、言葉に力を入れすぎて所作の方が軽くあつかわれ」ているとして、歌と動作がしっくりと結び付いている子どもの遊びの方がより古いのではないかと述べている。

さらに、柳田は言葉から離れて、子どもの遊びの持つ教育力に注目していく。戦後、国語と社会の教科書の編集に直接関わる柳田は、戦前から教育に関心を持っていた。単に理論家としてではなく、自分の子ども達の教育にも心をくだき、長男の通っていた成城小学校が移転したときは、いっしょに引っ越した程である。その成城学園初等学校は、戦後いち早く現在の生活科のお手本になった「散歩科」と「遊び科」を正課授業としてカリキュラム化した児童の自主性を重んじる学校であった。むろん当然、柳田の関心は、かつての庶民の教育がどのようなものだったかという点に向けられた。

そして、前近代の教育の特徴を、群れの教育と考えた。「群れ」とは、近代の学校教育のように年齢により輪切りにされた集団ではなく、異なる年齢の子どもたちの集団で、その中での子ども同士の関わりによって"教育"が行われてきたと考えた。

『こども風土記』の中では次のように述べられている。

　児童に遊戯を考案して与えるということは、昔の親たちはまるでしなかったようである。それが少しも彼らを寂しくせず、元気に精一杯遊んで大きくなっていたことは、不審に思う人がないともいわれぬが、前代のいわゆる児童文化には、今とよっぽど違った点があったのである。

そして、「日本の古い遊戯法」が引き継がれてきた理由を三つあげている。

　第一には小学校などの年齢別制度と比べて、年上の子どもが世話を焼く場合が多かった。彼らはこれによって自分たちの成長を意識したゆえ、悦んでその任務に服したのみならず、一方、小さい方でも早くその仲間に加わろうとして意気込んでいた。この心理はもう衰えかけているが、これが古い日本の遊戯法を引き継ぎやすく、また忘れがたくした一つの力であって、おかげで、いろいろの珍しいものが伝わっていることをわれわれ大供も感謝するのである。
　第二は小児の自治、彼らが自分で思いつき考え出した遊び方、物の名や歌ことばや慣行の中には、何ともいえないほど面白いものがいろいろあって、それを味わっていると浮世を忘れさせる。
　第三には今日ではあまり喜ばれぬ大人の真似、小児はその盛んな成長力から、ことのほか、これをすることに熱心であった。昔の大人は自分も単純で隠し事が少なく、じっと周囲に立って視つめていると、自然に心持の小児にもわかるようなことばかりをしていた。それが遠からず彼らにもやらせることだから、見せておこうという気もなかったとはいえない。

こうしてみてくると、伝承遊びの重要性は、子どもたちの自主性の尊重にあることがわかる。

## 今日の伝承遊び

　しかし、今日では、伝承遊びは、大人が子どもに伝える遊びになっている。子どもたちのおじいちゃん、おばあちゃん、あるいはそれ以上の年齢の方たちが、保育園、幼稚園や小学校、あるいは学童保育などの施設で教えることも多くなってきている。こうした場合、子どもの自治や異年齢集団の「群れ」による教育効果は期待できない。もちろん、子どもたちの自主性を育てることもない。

　実は、伝承遊びは、伝承遊び自体よりも「場」に意味がある。伝承遊びの多くは「ことば」を伴っている。1人でするにしろ、複数で遊ぶにしろ、掛け声、唱えごと、歌など何らかの声を出す、言葉を発するところが特徴的である。

　これは伝承遊びが行われる「場」の中でコミュニケーションが起こるということでもある。すなわち、伝承遊びは、遊びを通してコミュニケーションすることに意味がある。

　かつては、それは、子どもの自治であり、異年齢集団の年齢による上下関係の中で、教える教わる関係のコミュニケーションであった。しかし、現代では、そうした子どもの集団は極端に少なくなった。

　代わって出てきたのが、大人から子どもへと遊びを伝えるスタイルである。ここで重要なのは、ある程度大人の方が遊びが上手であることだ。子どもたちが尊敬のまなざしで大人を見てくれるのが一番いい。かつての子ども集団が年上の子どもがそうであったことと同様である。

　そうした「場」で伝承遊びは、かつてのあり方とは違った意味で、重要性を持つ。おじいちゃん、おばあちゃん、あるいは大人たちが、上手な遊びを子どもたちに見せながら教えていく。少しずつ練習して上手になっていく。やがて子どもたちは大人を追い越していくだろう。そのプロセスも大事である。

　核家族世帯が増え、子どもと高齢者との関わりが少なくなってきている。現代社会の伝承遊びは、そうした普段関わりのない年齢層を結びつける役割も持っ

ている。

　こうした大人から子どもへの伝承の後、年齢が上の子が下の子に、あるいは上手な子が初心者に教えるという、子どもどうしのコミュニケーションに発展できるとよいだろう。


## 生活科と伝承遊び

　現在、教育現場では、幼小連携、幼保連携（認定子ども園）など新しい取り組みが始まっている。これまであったさまざまな垣根を取り払って、子ども中心に教育・保育を変えていこうという方向性だ。

　こうした取り組みの鍵になるのは、小学校の生活科ではないかと私は考えている。生活科の学習指導要領における目標の骨格は、「具体的な活動や体験を通して、自立への基礎を養う」ということである。子ども自身が遊びや日常生活での体験を通して、さまざまに学んでいくそのこと自体をカリキュラムと想定して、見守っていこうというのが生活科の趣旨だと考える。

　こうしたとき、生活科が想定している具体的な活動や体験の中には、学校の登下校、学校の日常生活、家庭での日常生活、普段の遊び、などさまざまなことが含まれているが、特に地域や身近な人々とのかかわりを考えたときに、伝承遊びは大切な活動の一つとなる。

　先にもみたように、世代間交流のツールとして、伝承遊びはさまざまな現場で取り入れられている。生活科で伝承遊びに取り組んでいる小学校も多い。

　従来、生活科の学習指導要領では、伝承遊びは、「身近な自然や物を使った遊び」をあつかった「内容（6）」に記載されていた。平成20年の学習指導要領改訂にともない新しい「解説」では、「内容（5）」の「季節の変化と生活」の項目に移された。

　このことを後退と取る人も多いが、私は、“伝承遊び”と“遊び”との違いに着目

した考え方として積極的に理解したい。すなわち、ここでは「伝承」により力点が置かれ、遊びそのものが持っている効果よりも、地域の方々とふれあう、季節の変化の中で遊びを考えるという、子どもの環境に力点をおいた取り組みになると言うことだ。だから、伝承遊びの事典は、単なる遊びのリストではなく、その遊び自体がどう伝承されてきたかに思いをはせるものでなくてはならない。


## 最後に

　伝承遊びは、その多くが「ことば」を伴っているところに特徴がある。1人でするにしろ、複数で遊ぶにしろ、掛け声や唱えごと、歌など、何らかの声を出す、言葉を発するところが特徴的である。これは、伝承遊びがコミュニケーションを基礎としていることのあらわれである。言葉があってもなくても、声を発することで成立するコミュニケーションに伝承遊びの意味がある。

　かつての子どもたちは、教えられる側、保護される側だけではなく、より小さな子どもたちを教え、保護する立場を経験することで、大人へと独立した個人へと成長することができた。伝承遊びをとおして、少しでも子どもたちがそうした経験にふれられるといいと思う。

　そして、願わくは、伝承遊びが自分たちのものではなくなっていることを、子どもたち自身が気づいて欲しい。もちろん、明確な気づきではないだろう。しかし、伝承遊びは、なぜ"伝承遊び"として大人から習うものになっているかを子どもたち自身が考えることが、実は身近な人々、身近な社会、身近な自然とのかかわりで自分自身を見つめ直すきっかけになると考えられる。

現在、『こども風土記』は、下記の書籍で読むことができます。
『小さき者の声 柳田国男傑作選』（角川ソフィア文庫）角川書店
『こども風土記／母の手鞠歌』（岩波文庫）岩波書店
『柳田國男全集』第 12 巻 筑摩書房

# 目　　次

## 第2章　伝承遊びの展開

## 読者のみなさまへ

### ◆伝承遊びの選択のポイント

　東京おもちゃ美術館を運営しているNPO法人芸術と遊び創造協会が、全国の会員や保育者のみなさんに「知っている・体験したことのある伝承遊びや行事・祭り、後世に残したい遊びについて」のアンケートを行いました。2000名以上の方から回答をいただき、その声をもとにこの事典に掲載する内容を選択しました。

　日本の伝承遊びや行事・祭りの数はとても多くあります。ですから、すべてを掲載することはできません。そこで、3つの観点で選択することにしました。

　　1　日本の文化として、次の世代に伝えたい遊びや行事・祭り
　　2　多くの人が経験した遊び、知っている遊び
　　3　子どもが主役または子どもが関わる行事・祭り


### ◆事典の活用について

　伝承遊びやわらべうたは、遊び方やルール、歌詞などは伝承されてきたものです。地域には地域の形があります。この事典で紹介しているものはその一つにすぎません。読者ご自身がごぞんじのもので遊んでいただければそれが一番よいことだと思います。

　今日まで伝承されてきた遊びやわらべうた、地域の行事・祭りの持つ生活に根ざした豊かさを、この先の世代に伝えなければ、とてももったいないことです。

　伝承遊びや地域の行事や祭りを、ゆたかな地域づくりの中で伝承していこうとする機運が高まることを期待しています。

　日本の遊び文化の伝承、発展にこの本がお役に立てることを願っています。

第 1 章
季節の
伝承遊び

正月・冬
春
夏
秋

日本の暮らしは、四季の移り変わりとともにあり、
子どもたちの遊びも、季節に合わせて展開します。
ここでは、昔も今も楽しまれ、
これからも伝えていきたい遊びを四季に分けて紹介します。
子どもたちが家庭や地域で楽しむ行事や祭り、
季節を感じながら友だちと夢中になる遊び、季節を彩る
草花遊びや折り紙遊びなどです。
紹介した遊びが、読者のみなさまが知っているのとは、
やり方が異なるかもしれません。
そのようなときは、それぞれの地域の遊び方でお楽しみください。
そして、日本の伝承遊びの奥深さを味わいましょう。

草花を集めて包んだ「花のブーケ」は
だれにあげようかな

# 正月・冬

子どもが主役の行事や祭り、子どもと楽しむ行事や祭り、
季節を感じながら友だちと楽しむ遊び、季節を彩る
草花遊びや折り紙遊びなどを紹介します。

雪だるまができたら
枯れ枝や木の実でかざります

# 正月遊び

**正月／新しい年の始まりは伝承遊びの宝庫です。**

　日本の正月は、年神様をお迎えする年中行事の1つです。年末には大そうじをして、鏡餅やしめかざりなどの正月のしつらえをします。

　いつもは「早く寝なさい」と言われる子どもたちも年越しだけは夜更かしが許されたり、年が明けるとおせち料理やお雑煮などのごちそうを食べ、お年玉をもらったり……と、子どもにとって夢のようなひとときです。

　正月ならではの「羽根つき」「凧あげ」「福笑い」などの遊びは、大人にはなつかしく、子どもには目新しい、これぞ日本の伝承遊びというもの。初詣の後に、みなで楽しみましょう。

「明けましておめでとう……」と特別なあいさつをしてから（地域によっては大晦日から）、おせち料理をいただきます。黒豆は「まめまめしく働けるように」、黄金色の栗きんとんは財宝に見立てた縁起物として、海老は「腰が曲がるまで長生きするように」、数の子は子孫繁栄など、おせち料理のひとつひとつには意味があるのです。

## まめちしき

お年玉は、年神様のためにお供えした餅を下げて配ったことが元となっています。玉とは神様の魂のことで、神様の魂が宿った餅をいただくことで一年の幸福を祈ります。江戸時代のお年玉は、新年の挨拶として武士は刀、町民は扇、医者は丸薬などを贈り合うことだったり、家長から家族へ、師匠から弟子にお金や物をわたすことでした。お年玉が、子どもに金銭をわたすことをさすようになったのは昭和になってからで、歴史が浅いのです。

## 福笑い

目かくしをして、輪かくだけの顔に、まゆ毛や目、鼻、口などを手さぐりで並べます。「もう少し右！　右！」と声をかけられても、左右がわからなくなったり距離感がつかめなかったり……。目が見えない方への言葉がけの難しさ、大切さを考えるきっかけでもあります。

てぬぐいの「文様双六」
（株式会社かまわぬ）

## 双六

サイコロを投げて出た数だけコマを進めていく遊びですが、途中で「休み」「2コマもどる」などの指示があるのがおもしろいです。元は「絵双六」と呼ばれ、江戸時代には「盤双六」という木製の台に線が描かれたものと、人気を二分していました。

➡ お年玉を入れる「さいさい袋」の折り方は、37ページにあります。

## 羽根つき

子どもの厄払い（やくばらい）になると言われる遊びです。カーン、カーンと羽根をつく音も、このごろはすっかり聞くことがなくなってしまいました。晴れ着姿に打ちそこなって墨をぬられたかわいい顔。お正月にしか見られない日本の子どもの姿です。

羽根の黒い球は、無患子（むくろじ）の種で、子どもが患わ無い、つまり無病息災（むびょうそくさい）の意味がこめられています。

## 凧（たこ）あげ

「たこ たこ あがれ」と糸を引きながら凧をあげる子どもの姿も今ではめずらしくなりましたが、全国各地で大凧をあげる「凧合戦」は今も盛んです。その1つが浜松まつり（静岡県浜松市）の凧あげ合戦で、遠州の風に舞う大凧は勇壮です。江戸時代に長男の誕生を祝って端午（たんご）の節句（せっく）に凧をあげていたのが町内対抗の凧あげ合戦へと引きつがれ盛大に行われています。

## かるた

年中遊べるものではありますが、かるたや百人一首は昔からお正月の遊びの1つです。まだ字を覚えきれていない子どもが、翌年のお正月にはみちがえるほど言葉を覚えてきて、みんなをおどろかせたりします。

かるたのルーツは、平安時代（12世紀頃）の貴族の「貝覆い」「貝合わせ」という二枚貝の上と下の一対を探し当てる遊びや、安土桃山時代（16世紀）にポルトガルから入ってきたカードゲーム（carta）が変化したものと言われています。江戸時代には賭け事にも使われて「かるた禁止令」が出るほど、大人が夢中になった遊びでもありました。

「い」犬も歩けば棒に当たる

「お」鬼に金棒

「な」泣きっ面にはち

「く」臭いものにふたをする

## いろはかるた

い・ろ・は……に京を加えた48文字を頭にして始まることわざを集めたかるたです。ここで紹介しているのは江戸（東京）編で◎は「犬も歩けば……」ですが、京都編は「一寸先は闇」、大阪編は「一を聞いて十を知る」というように、地域によってことわざの内容が異なります。

# 小正月

**1月15日／お正月の終わりの行事です。**

　昔から元日（または元日から7日まで）を「大正月」、1月15日（または前後の日程も入る）を「小正月」と呼び、小正月は豊作を祈って繭玉をつくったり、門松などの正月かざりをかたづけたり、あずきがゆを食べたりする家庭的な行事でした。都市部で暮らす人にはなじみのない行事もありますが、これをやらなければ正月が終わらないという地域もたくさんあります。

　小正月は年神様が帰られる日であることから「正月じまい」とも呼ばれています。クリスマスに始まり、大晦日、正月と年末年始は子どもたちにとっても楽しい行事が続きますが、小正月を境に正月気分も終わり、日常にもどっていくのです。

### まめちしき

「どんど焼き」は全国各地でいろいろな名前で呼ばれています。どんどん焼き、どんどろ焼きなど似た呼び名だけでなく、「歳の神」、「左義長」「三毬杖」と呼ぶ地域もあります。九州では「鬼火焚き」と言い、1月7日に行うところが多いです。「左義長」は、どんど焼きの起源と言われています。平安時代の宮中で、毬を杖で飛ばし合う毬杖という正月遊びがあり、遊んだ後に、その杖を3本束ねて立て、その上に扇子や短冊などをそえて、陰陽師がはやしながら焼いたという行事です。

## 繭玉

餅を繭に見立てて丸め、木の枝につけて家の床の間や柱などにかざります。豊蚕＊や豊作を願うかざり物で、最近は正月のかざりものとして売られてもいますが、こうして餅をくるくる丸めてつくるのが楽しいのです。　　　　　　　　　＊カイコの繭がたくさんできること。

## どんど焼き

わらや青竹などでやぐらをつくり、家から持ち寄った書き初めや正月かざり、だるまなどを燃やし、無病息災（健康）・五穀豊穣（豊作）を願います。大人の背丈よりもずっとずっと高くそびえ立つやぐらが、バチバチと燃える様は迫力があり、子どもも黙りこんで火を見つめます。繭玉の餅を焼いて食べながら火にあたるのも子どもたちの楽しみの1つです。

➡ 小正月の行事は第3章にもあります。197ページ、214ページ、224ページ、233ページ。

25

# 節分

## 2月初め／邪気を払うため豆まきをします。

　節分の夜になると、「鬼はそと、福はうち！」という子どもの大きな声が聞こえてきます。升や三方に入った炒り豆を鬼に向かって豪快に放って、鬼を外に追い出すのです。

　本来、節分は年4回あります。季節の始まりの日が、立春、立夏、立秋、立冬で、それぞれの前日が節分でしたが、1年の始まりでもある立春の前の節分の行事だけが残りました。節分には邪気（鬼）が生じると考えられていて、その鬼を追い払うために、鬼が嫌いな鰯の頭をトゲのある柊にさしたものを入口に立てたり、霊的な力があるという大豆をまくのです。地域によっては、「鬼はうち、福はうち！」と言って、春を呼ぶ神様の鬼を招くところもあります。

### まめちしき

豆まきの後は、自分の歳の数よりも1つ多い数の炒り豆を食べます。また、最近は豆まきのほかにその年の縁起のよい方角（恵方）を向いて太巻寿司を食べる「恵方巻き」も盛んになりました。関西方面では昔から行われていましたが、今ではすっかり全国区です。

## 豆まき

豆まきには炒ってある大豆が使われます。生の豆では芽が出て縁起が悪い、炒るは射るにつながり鬼をやっつけられるなどと考えられています。このごろは、かたづけや衛生面、アレルギーなどに配慮して、包んだままの豆や菓子などを使うことが増えました。

## 子どもたちの作品

保育園や幼稚園などでは、豆まきだけでなく、鬼の面をつくったり、絵を描いたりして楽しみます。

### 紙皿の鬼の面(3歳児)

毛糸の髪の毛や角をつけます。
目の穴開けや耳か
け用の輪ゴムをつ
けるのは先生です。

### 頭にかぶる鬼の面(3歳児)

目や鼻などは色紙をはってから
クレヨンで描く
と簡単です。
紙の帯をつけて
頭にかぶります。

### 豆まきの絵(5歳児)

豆まきする子どもをクレヨンで、
鬼は絵の具で描くとコントラスト
がはっきりします。
折り紙で折ったお面や金棒をはる
と強そうです。

保育園の豆まきは、鬼が登場すると、泣く
子、笑う子、逃げる子……と反応はさまざ
までです。

### 豆当てゲーム(4歳児)

ガチャポンの大玉に乗った鬼に、紙玉を
吹き矢のように吹いて当てます。

➡炒り豆を入れる「さんぽう」の折り方は、37ページにあります。

# あぶくたった

**逃げる瞬間の「きゃあー！」が待ち遠しいのです。**

　『あぶくたった』は遊び歌の１つです。歌も遊びも決して単調ではなく、４部にシーンが分かれています。１部はとにかく鬼を煮込みます。２部は煮上がった鬼を戸だなにしまい、寝るしたくをしてねむるまで。３部はねむっているところに「トントントン」と何者かが訪ねてくるやりとり。４部はそれがお化けだとわかり逃げ回る鬼ごっこ。シーンごとにまったく違う展開とストーリー性が、いつまでも子どもたちを飽きさせないのでしょう。

### 🟠まめ ちしき

異年齢で遊ぶときに、幼い子どもは「おみそ」「みそっかす」などと呼ばれ、つかまっても鬼にならないというような特権をもらいました。特別ルールを作ることで、仲間外れにせず、みなでいっしょに楽しく遊べる工夫です。ネーミングはともかくとして、多様な人々がいっしょに暮らす社会において必要な人間関係が遊びから学べます。

♪あぶくたった 煮えたった
　煮えたかどうだか食べてみよ
　ムシャムシャムシャ
　まだ煮えない

①煮物の鍋役の鬼を中心に、子どもたちは手をつないで歌いながら回ります。
「ムシャムシャムシャ」のところでは鬼の頭上で食べるまねをします。数回くり返します。

♪あぶくたった　煮えたった
　煮えたかどうだか食べてみよ
　ムシャムシャムシャ　もう煮えた
　とだなにしまって　カギをかけて
　ガチャガチャガチャ
　おふとんしいて　寝ましょ

②鬼をそっと移動させて戸だなにしまい、
　寝るしたくをします。
　「寝ましょ」の前に「歯みがきをして」「トイレに
　行って」「宿題をして」など、自由な言葉と動作を
　入れて楽しみます。

| 鬼 | 子ども |
|---|---|
| トントントン | なんの音？ |
| 風の音 | あーよかった |
| トントントン | なんの音？ |
| ブランコの音 | あーよかった |
| トントントン | なんの音？ |
| お化けの音！ | |

③寝た子どもたちのところに鬼登場。
　鬼と子どもたちがかけ合います。何の音？
　とたずねられた鬼は、何の音と答えるか
　考えます。最後の決め言葉「お化けの音！」
　を言ったら……

きゃあー！

④鬼ごっこ開始。お化けになった
　鬼につかまらないように子ども
　たちは逃げ回ります。
　鬼にタッチされた子が次の鬼。
　再び①にもどってくり返します。

# うずまき じゃんけん

**うずまきに沿ってぐるぐる走るじゃんけん遊びです。**

　「ドーン、じゃんけんぽん！」というフレーズがなつかしい遊びです。まずは地面にうずまきを描くところから始まります。最近の子どもはろう石など見たこともないかもしれませんが、昔は地面に描くものはろう石と決まっていました。今はチョークでしょうか。

　早く走った方が勝ちにつながりますから、さぞかし目が回るだろうと思いきや、それは大人の発想のようです。子どもは平気な顔をして器用に回るのです。

### まめちしき
ろう石は石筆とも呼ばれ、軟らかい石で白い線が描けるもの。建築現場や鉄工所で使われるものですが、駄菓子屋さんなどでも売っていて、子どもの遊びでも大活躍してきました。

①地面にうずまきを描きます。
②2つのチームをつくり、うずの真ん中とスタート地点に陣地を分けます。
③各チームの先頭から「よーい、ドン」でうずまきに沿って走り始め、出会ったところで「ドーン、じゃんけんぽん！」勝った方はそのまま進み、負けた方はチームの次の人がスタートします。負けた人はチームにもどり、最後尾に並びます。
④先に相手の陣地にたどり着いた方が勝ちです。

# おしくらまんじゅう

**みんなでぎゅうぎゅう押し合って暖かくなります。**

　ルールがあるわけでも、勝ち負けがあるわけでもなく、ただただ子どもたちが身体を寄せ合い、押し合いへし合いをするだけの遊びです。これほど自然発生的に生まれたであろう情景が想像できる遊びもめずらしいでしょう。きっと寒空の下でもみんなといっしょにいたくて、暖かくなろうと身を寄せ合っているうちに、それが遊びになっていたのだと想像できます。なかよしだからこそ楽しいし、押し合いへし合いだけで笑いが生まれてしまうなんて、子ども時代だからこそですね。

### まめちしき

おしくらまんじゅうは丸くなるイメージが強いですが、塀に背を向けて横に並び、中央に向かってぎゅうぎゅうと横に押していく遊び方もあります。

丸く輪になって外側を向き、「おしくらまんじゅう　おされて泣くな」と言いながら内側に向かってぎゅうぎゅうと押すのです。飛び出さないように力を入れてふんばることでだんだんと暖かくなってきます。

# 竹馬・かん馬

## 竹棒や空缶の馬を上手に乗りこなしましょう。

　「竹馬の友」ということわざがあるように、竹馬は子どもの遊びの象徴と言えます。ただ、ことわざが表わす竹馬は笹の枝にまたがって遊ぶものでした。

　近ごろのお父さんお母さん世代には、竹馬で遊んだ経験がない人もいます。大人になって初めて竹馬に乗ってみると、まったく歯が立たないので驚いてしまいます。竹馬を乗りこなすのはなかなか難しいので、体の小さい幼少期のうちにコツをつかんでおいた方がよさそうです。竹馬が乗りこなせなかった人には、かん馬がおすすめ。重量制限がありそうですが、それさえクリアすればパッカパッカと歩けるでしょう。

### まめ ちしき

かん馬は簡単につくることができます。同じ高さの缶を2つ用意し、缶切りや釘などで穴を開け、それぞれからひもを通すだけです。これを下駄のようにはきます。缶の中に水を入れて、こぼさないようにして遊ぶ「水かん馬」もあります。

竹馬は歩けるようになったらおしまいでなく、昔の子どもは、足台の高さを上げたり、走るスピードを競ったりしました。雪が積もった朝などは、まっ白い雪の上を竹馬に乗って友達の家を訪ねていくこともありました。

# 影ふみおに

## 自分の分身である影を上手にあやつりながらの鬼ごっこです。

　影がもっとも長くなる冬にぴったりの遊びです。それぞれの足元から伸びる影。自分が座れば影も座るし、ジャンプをすれば影もジャンプする。大人からすれば当たり前のことですが、子どもたちにはこれだけで楽しいのです。影は自分の分身、まさに影武者です。それを誰にもふまれないように、体勢を工夫しながら鬼から逃げ回ります。そうしているうちに、季節によって、時間帯によって、影の伸びる方向や長さ、色までもが変わることにも子どもたちは気づくのです。

### まめちしき

下で紹介している基本の遊び方に加えてこんなルールもあります。
鬼がふむ影の部分を「頭」「足」などと限定したり、木や建物の影などに逃げこんだ場合、鬼が10数える間にその場所から日なたに出なければならないなど。

鬼は10数えたら、子どもたちの影をふみに行きます。
影をふまれた人は鬼を交代して遊び続けます。

33

# 冬の草花遊び

**常緑樹や木の実が冬枯れのなかに彩りをそえています。**

　草花遊びのよさは、自然と戯れながら季節を感じ取ること、自然の恩恵に触れることです。その季節にしか出会えない草木、旬の野菜や果物、そして地域の気候ならではの遊びを見つけてみましょう。

　冬は草花がお休みをしている印象が強いですが、冬ならではの草花もあります。庭木や食卓に遊び道具はないかという目を向けてみるのもよいでしょう。

## 南天・松葉

### 雪うさぎ

雪が積もったら、雪でうさぎの体をつくり、南天の葉を耳に、実を目としてかざります。

### かんざし

庭木としてよく見られる南天は、冬になると赤い実をつけます。この実に松葉をさせば、かんざしのできあがり。お正月の晴れ着にもぴったりです。

### 松葉ずもう

松葉同士を組んで、引っぱりっこ。はずれたら負け。

### 松葉のトントンずもう

松葉を束ねて力士をつくり、空き箱の土俵において、周囲をトントンたたいて相手をたおします。

➡ 「雪うさぎ」は、本の始めのカラーページにもあります。

34

## まめちしき

冬の庭では、葉の落ちた枝の間から野鳥の姿が見やすくなります。小鳥が好む果実の樹を植えておいたり、えさ台をつくったり、フルーツを枝にさしたりすると、鳥を呼ぶことができます。じっくりと観察した後に、落ち葉や常緑樹の葉、つばきなどの冬の花で、造形遊びも楽しみましょう。

## ひいらぎの風車

ひいらぎを漢字にすると「柊」、冬の木と書きます。
緑の葉が少くなる冬に存在感を発揮します。

葉のまわりの棘を利用した
風車です。親指と人差し指
で葉をおさえ、フーッと吹
くとくるくると回ります。

## みかん

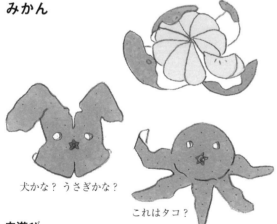

犬かな？　うさぎかな？

これはタコ？

### 皮遊び

冬といえば、こたつにみかん。食べ終わった皮をその
まま捨ててしまうのはもったいない！ みかんの皮は
やわらかくて子どもにも扱いやすいので、手で少しず
つちぎりながら形をつくってみましょう。へたを鼻に
見立てるといろんな顔に見えてきます。

### ふさの数当て

みかんのふさの数は、へたに
うっすら見える白い筋の数と同
じです。皮をむく前にこっそり
と筋を数えておき、ふさの数を
ぴたりと当てると、みんなおど
ろくに違いありません。

# 冬の折り紙

## 今も変わらずに遊ばれている伝承遊びです。

　折り紙は日本の伝承遊びの象徴と言ってもよいでしょう。和紙と日本人の手先の器用さが生んだ遊びであり、芸術でもあります。伝承遊びの中には、「昔遊び」と呼ばれるようになったり、現代の子どもたちには定着していないものも数多く見られますが、折り紙は違います。今でも子どもたちの大好きな遊びの1つですし、誰もが経験する遊びでもあります。日本人の遊びの原風景の1つとして、いつまでも折り紙は伝承し続けたいものです。

### まめちしき

日本の折り紙の代表格は「鶴」です。「鶴は千年、亀は万年」と呼ばれるように縁起がよいものとして長く親しまれてきました。糸を通してつなげてつくる千羽鶴は、病気快復などの意味をこめた贈りものになりました。手軽につくれる折紙の「さんぽう」も、節分の豆やひなあられを入れる箱として親しまれてきました。さんぽうとは、三方と書き、本来は神前にお供えものするときなどに使う木製の台です。

**鶴**

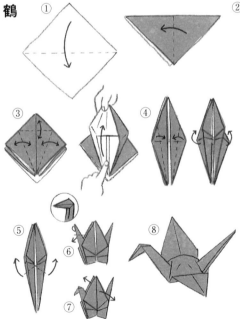

①三角に2回折ります。

②指を入れて袋を開き、つぶします。裏返して、同じように折ります。

③点線の位置に折り目をつけ、袋を開きながら折り上げていき、ひし形に整えます。裏も同じように折ります。

④中央が切れている両がわを、点線の位置で折ります。裏も同じように折ります。

⑤わきを少し開くようにして、その内がわに折り上げます。鶴の首と尾になります。

⑥首は中央を開いて、上から折り込んで頭をつくります。

⑦両羽を広げます。

⑧下の穴から空気を吹きこんだら、鶴のできあがり。

## さいさい袋(お年玉袋)

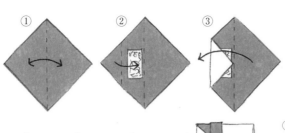

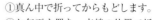

①真ん中で折ってからもどします。
②お年玉を置き、点線の位置で折りかぶせます。
③もう一度、真ん中で折ります。
④点線の位置で手前に折ります。
⑤さらに、細く手前に折ります。
⑥上下を裏側に折ります。
⑦さいさい袋のできあがり。

## さんぽう

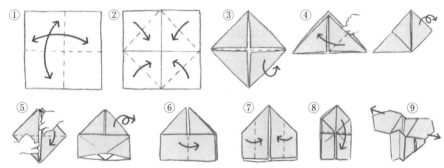

①縦横半分に折り、開きます。
②真ん中に向けて、四すみを折ります。
③裏がわへ半分に折ります。
④指を入れた位置から開いてつぶします。裏も同じように折ります。
⑤指を入れて左右に開きながらつぶします。裏も同じように。
⑥1枚めくり、開く面をかえます。裏も同じように。
⑦左右から半分に折ります。裏も同じように。
⑧点線の位置で折ります。裏も同じように。
⑨矢印の方向に引っ張りながら広げます。
⑩さんぽうのできあがり。

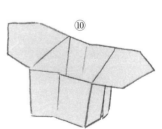

➡「お正月」については20ページに、「節分」については26ページにあります。

# 雪や氷を遊びつくす

文／今野道裕

## 厳しい自然の中でも
## 知恵をしぼると遊びは無限大

　北海道の冬は、やっぱり雪や氷で遊ぶのが一番楽しい。炭鉱住宅に住んでいたころ、しんしんと降り積もる雪は、朝、各家庭の前に壁のように積み上がる。そのずっと横に続く雪の壁の中を、子どもたちはみんなで掘りつなげてトンネルのような「かまくら」をつくった。内側から上手く壁をけずっていくと、太陽の光が透けて差しこんでくる。もちろん失敗して、くずれてしまうこともあるから注意が必要だった。ありったけの知恵をしぼって、たっぷりと体を動かして、夢中になって遊んだ。そして、背中の汗がひんやりしてきたら、「今日はここまで、また明日」なのだ。

　「雪像づくり」も楽しかった。雪玉を転がし大きくしてから重ねたり、積み上げた雪をスコップなどでけずり出して思い思いの形をつくっていた。細かなところは、バケツに入れた雪に水を入れ、シャーベット状にしてつける。学校やそれぞれの市町村でも素朴な雪祭り・雪像づくりが盛んだったように思う。もっと寒くて雪がサラサラな地域では、スケートが盛んだったようだ。私も小学校教員のころ、グランドに大きなリンクをつくるのに夜中までつきあった記憶がある。

　スキーも冬の楽しみの一つだったが、小さい子どもは「竹スキー」を使って、小さな坂で楽しんだ。これは割った40〜50cmの竹の先を火にあぶり曲げたもので、長ぐつの先に引っかけるようにはいてすべる。竹スキーを木製のミカン箱の底に付け、ソリにして遊んでいた子どももいた。竹スキーは売っているものもあったが、自宅で父親がつくってくれたりもした。目の前で形ができていくのを見ていると、自分の父親がほこらしくも感じた。そんな積み重ねが、きっと今の私につながっているのだろう。

# 春

子どもが主役の行事や祭り、子どもと楽しむ行事や祭り、
季節を感じながら友だちと楽しむ遊び、季節を彩る
草花遊びや折り紙遊びなどを紹介します。

「花のヘアバンド」
頭に花飾りはおしゃれの第一歩

# ひな祭り

**3月3日（桃の節句）／女の子の健やかな成長を祝う節句です。**

　女の子のいる家庭では、この日は大にぎわいです。家族や親戚が集まったり、お友だちの家にお呼ばれして、桃の花やひし餅をかざったひな人形を前にお祝いします。ちらし寿司やはまぐりの潮汁、白酒（子どもには甘酒）などをいただきます。

　ひと昔前は、ひな人形といえば、おびなとめびなのほかに、三人官女や五人囃子などが、7段、8段とにぎやかしくかざられるものが一般的でした。親王かざり（二人びな）の家の子どもは、7段や8段かざりがある家の子どもがうらやましいものでしたが、時代とともに段数や人形の数も減りました。また、人形の顔にも流行があるようです。

　最近では、手づくりでひな祭りを楽しむ家も多くなりました。お母さんが二人びなをつくったり、子どもたちも折り紙でひな人形を折ったりします。そして、升も折って、ひなあられを入れてかざります。

女の子たちにとっては晴れ着を着て、ごちそうが食べられる特別な日なのです。

➡ 園のひなまつりの写真が、本の始めのカラーページにあります。

## まめちしき

節句とは季節の節目で、五節句あります。そのひとつ「上巳（じょうし）」と、子どもの厄（やく）の身代わりとして川に流す「流しびな」が結びつき、現在のような「ひな祭り」になったと言われています。
五節句は、中国の陰陽五行説に由来するもので、人日（じんじつ）＝1月7日「七草粥（ななくさがゆ）」、上巳（じょうし）＝3月3日「桃の節句（ちょうよう）」、端午（たんご）＝5月5日「端午の節句」、七夕（しちせき）＝7月7日「七夕祭り（たなばた）」、重陽（ちょうよう）＝9月9日「菊の節句」です。
現在では「菊の節句」が行われることは少ないです。

### 流しびな

鳥取県鳥取市用瀬町（もちがせ）では、さんだわらに男女一対の紙びなと桃や菜の花（もも）などをそえて、千代川に流す「流しびな」の風習が現在でも子どもたちに受けつがれています。

ほかにも、岡山県の北木島（きたぎしま）では海に向けて大浦浜（おおうらはま）からひなをのせたうつろ舟（ごじょう）を流し、奈良県五條市では竹皮の舟を吉野川に流すなど、現在も受けつがれている「流しびな」の風習が全国各地にあります。

➡ 折り紙でつくる「おひなさま」は、65ページにあります。

# 花祭り

## 4月8日／お釈迦様の誕生を祝う日です。

　全国のお寺やお寺さんが運営する幼稚園や保育園では、草花をかざる花御堂に
お釈迦様の像を置き、甘茶をかけてお祝いします。これは、お釈迦様が生まれた
とき、九頭の竜が天から甘露（あまい水）を吐いて産湯を満たしたという伝説が
もとになっています。

　花祭りの名のごとく、春の花の甘い香りと甘茶で、子どもたちにとっては春の
訪れを感じる行事でもあります。甘茶とは、アマチャの葉を煎じてつくられた、
甘みのあるお茶で、お釈迦様にかけた後は家に持ち帰り健康を祈願していただき
ます。昔から、甘茶で墨をすると字が上達するとか、甘茶で「ちはやぶる 卯月
八日は 吉日よ かみさげ虫を 成敗ぞする」と書き、逆さにして便所などにはると
虫よけになるとか、甘茶を赤ちゃんの頭につけると元気に育つ、などという言い
伝えがあります。

**花御堂**
きれいな花でかざられたお釈迦様
にひしゃくで甘茶をかけます。

**まめ**ちしき

花祭りでは、化粧をして装束を着た子どもたちがねり歩きを行う「稚児行列」が見られます。「七歳までは神のうち」とも言われているように、乳幼児が「稚児」として、寺院の祭事において神様に仕える大切な役割を担ってきました。「稚児行列」に3回出ると幸せになれるという言い伝えもあります。

**稚児行列**

花祭りの稚児行列では、背中にお釈迦様を乗せた白象の山車を、子どもたちが引きながらねり歩きます。

# 端午の節句

## 5月5日／男の子の健やかな成長を祝う節句です。

　男の子のいる家庭では、鎧や兜、鯉のぼりをかざってお祝いします。ちまきや柏餅を食べ、菖蒲湯に入る習わしがあります。

　この日は江戸時代ごろから「端午の節句」といって男の子の成長や出世を祝うものでしたが、1948年からは国民の祝日である「こどもの日」となり、女の子もふくめた子どもの幸福を願う日となりました。

　澄みわたった5月の青空を泳ぐ鯉のぼりの姿も、近ごろはあまり見られなくなりました。しかし、この日はゴールデンウィーク中のため、全国各地の河原や山の谷間、海岸などで何百、何千もの鯉を泳がせる「鯉のぼり祭り」も行われるようになり、それを子ども連れで見る家族も増えました。

### まめちしき

「菖蒲の節句」とも呼ばれるほど、端午の節句に菖蒲は欠かせない存在で、もともと中国では、この日は薬草をつむ日だったそうです。湯船に邪気を払う薬草である菖蒲を浮かせる菖蒲湯は、かおり豊かで保温効果もあるそうです。菖蒲湯につかりながら、親子で菖蒲笛を吹いた経験がある人も多いことでしょう。

少し難しいですが、菖蒲の葉の上下を切り、真ん中あたりを軽く吸うとピーッと音が鳴ります。

➡ 兜かざりは、本の始めのカラーページにあります。

保育園でも鯉のぼりをかざって
子どもの日を祝います。

### 鯉のぼり

群馬県神流川や高知県四万十川など、全国各地で鯉のぼりイベントが行われています。雄大な自然を背景に悠々と泳ぐ鯉のぼりが見事です。

### 菖蒲打ち

ひと昔前は、新聞紙の兜をかぶり、菖蒲の葉で編んだ縄を地面にたたきつけて、一番大きな音を出した者、または最後まで切れなかった者が勝ちとなる「菖蒲打ち」で競い合いました。

➡ 新聞紙で作る「かぶと」は、65ページにあります。

# あいさつじゃんけん

**じゃんけん1つで友だちをたくさんつくれる遊びです。**

　公園に、園庭に、校庭に、子どもが大勢集まりました。知らない相手がたくさんいても、この遊びが始まればたちまちみんな友だちです。

　遊び方はかんたん。まずは知らない人をさがします。「はじめまして」「こんにちは」「よろしくね」思い思いのあいさつを交わしたら、おたがいに自己紹介をします。「年長組だよ」「ぼくは2年生」「野球やってるんだ」「わたしはピアノ」楽しく話がはずんだら、さあじゃんけん。勝っても負けても気持ちよく「さようなら」で次の相手さがしです。

### まめちしき

自己紹介をするかわりに、自分のプロフィールを書いたカード（名刺のようなもの）をたくさんつくって交換をする遊び方もあります。カードがたくさん集まった人（友だちがたくさんできた人）が勝ちというルールもあります。

じゃんけん1つで、子どもたちはすぐに
友だちになってしまうのです。

➡ あいさつじゃんけんを発展させた「じゃんけん列車」は、118ページにあります。

# 色おに

**あちこちに季節の色を見つけて遊びます。**

　萌える若葉、咲き誇る花々……、そこらじゅうがあざやかな春色に彩られる時季にぴったりの遊びです。

　「おにさん、なに色？」「あか！」鬼が10数える間に、みんなは赤いものめざして走りまわります。誰かの服、靴、帽子、公園の遊具、花壇に咲く花……。なかには「ぐんじょういろ！」なんて、ちょっと難しい色の名前を言う鬼がいたり、「えー、それ赤じゃないよ！」「これ赤だよ！」と、どこまでが「赤」に入るのかなど、色について子どもたちが話し合うこともこの遊びの楽しいところです。

## まめ ち し き

遊びを楽しくするために、子どもたちは次々と新しいルールを生み出すものです。「数えるのは5にしよう！」「服は禁止！」「一度さわった色はダメ！」などからはじまって、さがすものが「くぬぎの木！」と、いつの間にか色ではなく「物おに」に変わってしまうこともあります。

1つの色をもとめて、子どもたちは大いそがしです。

# 石けり

**基本となる片足とびは足腰の安定性が大事です。**

　道ばたの石が「拾って！」と言わんばかりに子どもの目に飛びこんでくること
があります。色や形など、お気に入りの石を見つけては大事にポケットにしまっ
ていたりするものです。

　石けりにはいくつも種類があって、世代や地域によって遊び方もさまざまです
が、基本となるのは片足とび。ぐらぐらしていては遊びになりません。片足でじっ
と止まったり、片足のまま石を飛ばしたい方向にけるなど、足腰の安定性が大事。
ぜひ現代の子どもたちにも習得してほしい遊びです。

## まめちしき

石けりの基本的な遊び方は、地面に区画を描き、手前にスタート線を引きます。その線から区画
1に石を投げ入れて、片足とびで入り、立っている方の足で石を区画2、3とけり進めます。石が
うまく次の区画に入らなかったり、線を踏んでしまったら次の人と交代。早くスタート線までも
どった人の勝ちです。とはいえ、これはあくまでも基本。多種多様な区画とルールがあります。

**注意！**
石けりは、石を投げるときが危険です。友だちが立っている位置を確認して、
石が当たらないように投げましょう。

## 長・角
ちょう かく

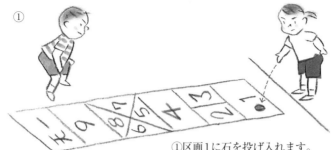

① 区画1に石を投げ入れます。
② 片足とびで1に入ります。
③ ケンケンのまま後ろ向きになって1から
　 石を外にけり出し、片足とびでもどります。

④ 次は区画2に石を投げ入れます。
⑤ 片足とびで1、2と入ります。
⑥ 後ろ向きになって2から石を一気に外にけり出します。
⑦ 片足とびで2、1、スタートラインにもどります。
　 そして3、4、5……も同じようにくり返します。

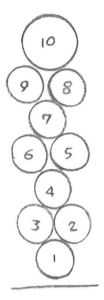

## ケンパー

1に石を投げ入れ、1を
とびこしてケンパーで
10まで進んだら向きを
かえて進みます。
途中、2に片足立ちのま
まで1の石を拾い、スタ
ートラインに戻ります。
次に、2へ石を投げ入れ
て、同じようにくり返し
ます。

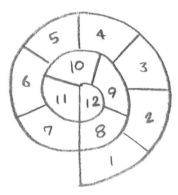

## かたつむり

1に石を投げ入れ12までけり
進み、逆に1までもどって石を
線の外までけり出します。
次は2に投げ入れ、同じように
くり返します。

## やっこさん

ケンパーのやっこさんバー
ジョンです。5まで片足で
進み、6と7は両足でパー、
8は片足でケン、身体の向
きをかえて9と10にパー
で入り、もどります。

## あけそめ

①1に石を投げ入れ、片足で石をふみ、拾います。
②4までケンケンして、🐾で両足ついてひと休み。
③身体の向きを変えて👣に立ち、「あけそめ」のいず
　れかに石を投げ入れます。ケンケンで拾いに行って
　もどります。
④石が入ったのが「あ」なら歩いて、「け」ならケンケ
　ンで、「そ」なら空を見上げて、「め」なら目をつぶっ
　て、🐾から1までもどります。

## どこゆき

これはちょっと変わりだねの遊びです。石はけらず
に、2〜3メートル離れた線から、行き先が書かれ
た円の中にせーので自分の石を投げ入れます。

自分の行き先が決まったら、スタート線にもどって「よーいドン!」。目的地にタッチして
からもどってきます。誰が一番早いかを競うのも楽しいですが、行き先にどこを選ぶのかを
みんなで相談するのも楽しいものです。

# 紙ひこうき

## 高く遠く飛ばすため、子どもたちが改良を重ねます。

　空高く、遠くまで飛ばすために、昔から子どもたちは工夫と改良を重ねてきました。紙の質やサイズ、形（縦横の比率）、折り方による重心の位置など、ちょっとした違いによって飛び方が変わってきます。

　よく飛ぶ機体をつくり上げたら、子どもはそれを宝物のように大切にしたものです。誰よりも高く、遠くまで飛ぶ、世界でたった1つの機体にめぐり会うために、子どもたちの工夫と改良はこれからも続くのです。

### まめちしき

高く、遠く飛ばすには、機体の前方に重心がくるようにするとよいです。折り方を工夫したり、先端にクリップをつける方法もあります。ほかにも、「折り目はしっかり」「左右対称に」などコツがありますが、何度も折り直して試す過程も楽しみたいものです。

おれのが いちばん とぶんだぜ！

注意！
・風が吹いていない、広い場所で飛ばしましょう。
・道路や駐車場は事故の可能性が高く、危険です。
・友だちなどに向けて飛ばさないように。
・飛ばすコツは、水平に、力を入れ過ぎないこと。

## へそ飛行機

①長方形の紙を半分に折って開き
　ます。はしを三角に折り、点線
　の位置で三角の頭を折ります。
②もう一度、真ん中に向かって
　はしを三角に折ります。
③はみ出た三角を折り返します。
④後ろへ半分に折ります。
⑤つばさを三角に折ります。
⑥つばさを広げたらできあがり。

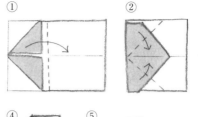

## いか飛行機

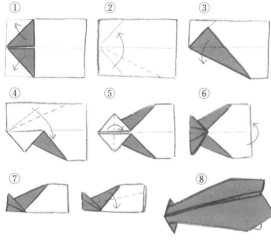

①長方形の紙を半分に折って開
　きます。はしを三角に折った
　後、一度開きます。
②折り目に合わせてななめに折
　ります。
③真ん中の線で三角を折り返し
　ます。
④反対側も同様に。
⑤先端を半分に折ります。
⑥後ろへ半分に折ります。
⑦つばさを折ります。
⑧つばさを広げたらできあがり。

## グライダー

①長方形の紙を半分に折って開きま
　す。はしを三角に折ります。そし
　て、三角の頭を下まで折ります。
②三角の頭をもとの三角の底辺で
　折り返します。
③後ろへ半分に折ります。
④とび出た三角の位置で折り返し
　ます。
⑤つばさのはしを細く折ります。
⑥つばさを広げたらできあがり。

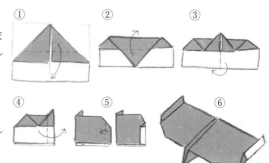

# 竹がえし

## 複数の竹の棒の束を手で自在に操って遊びます。

　長さ20センチくらい、幅は1～2センチほどの平たい竹の棒が4、5本～10本あるだけで、子どもたちをこれほどまでに夢中にさせてしまうとはおどろきです。右ページの遊びの他に、投げ上げた竹の束を手の甲で受けとめ、竹の表または裏だけに統一するように振ってそろえるなど、遊び方もいろいろです。

　最近は完成品が販売されているようですが、こういう遊びはつくるところから楽しみたいものです。道具の使い方に気をつけて、ぜひ親子でつくってみてください。竹の特性と「竹を割ったような人」のイメージが、よくわかるでしょう。

### まめ ちしき

「竹がえし」は「投げ竹」「がっき」「がっけ」などとも呼ばれています。「♪ひとなげ　ふたなげ　みなげ　よなげ　いつやの　むすこさん　なんでやっこらせ　ここのおとんで　おおさかけんぶつ　やっこらせ♪」竹がえしを投げたり、つかんだり、たおしたり……をくりかえしながら歌います。どんな数え歌とも相性がいいのです。

子どもも心地よい音と手ざわりに夢中になって遊びます。

# 竹がえしの技

## たて

竹の束から手をはな
し、たおれる寸前に手
を逆さにしてつかみま
す。手の向きを元にも
どして、これをくり返
します。

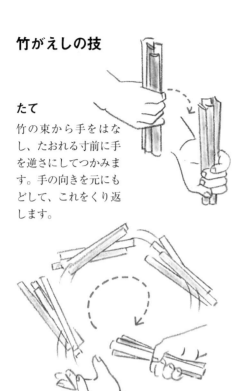

## まえ

竹の束を投げて空中で回転させ、束ごと
つかみます。これをくり返します。

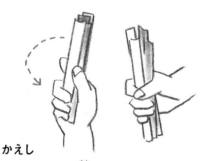

## かえし

竹の束のはしを床につけてそろえて持
ち、上に投げて一回転させ落ちる寸前に
つかみます。これをくり返します。

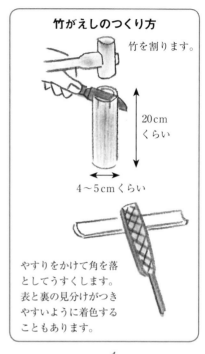

## 竹がえしのつくり方

竹を割ります。

20cm
くらい

4～5cmくらい

やすりをかけて角を落
としてうすくします。
表と裏の見分けがつき
やすいように着色する
こともあります。

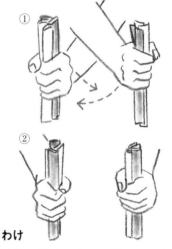

①

②

## わけ

①竹の束を床に立て、手をクロスさせて
　持ち、1、2の3で手をはなします。
②竹がたおれる寸前に左右持ち変えま
　す。これをくり返します。

# 竹とんぼ

**春の風に乗せて空高く飛ばします。**

　つくる名人、飛ばす名人とそれぞれ自分の強みを発揮して、高く遠くに飛ばすことを競い合ったものです。青々とした竹に触れ、道具の使い方を学ぶことも遊びの1つです。手づくりおもちゃの醍醐味は、自分好みに仕立てられること。失敗と成功をくり返しながら試作を続けるうちに、素材や道具の扱い方までうまくなって、年下の子たちに羨望のまなざしを向けられ、得意気に教えてあげながら、よく飛ぶ竹とんぼが伝承されてきたのです。

## まめ ちしき

羽根と軸が一体になったものが一般的ですが、なかには軸で回転させてから羽根だけを飛ばすタイプのものもあります。江戸時代に平賀源内によってつくられたことが始まりだという説もあるくらい古くから親しまれてきた遊びです。

竹だけでなく、厚紙やプラスチック板で手づくりすることもできます。いろいろな竹とんぼを春の空に飛ばしてみるのもよいでしょう。

## 竹とんぼの飛ばし方

①両手を合わせて軸をはさみ、右手を後ろに下げます。

②軸を強くはさみながら、右手を前へ出してその反動で空に向かって竹とんぼをはなします。

※近くに人がいないか確認して、人に向かって飛んでいかないように注意して遊びます。

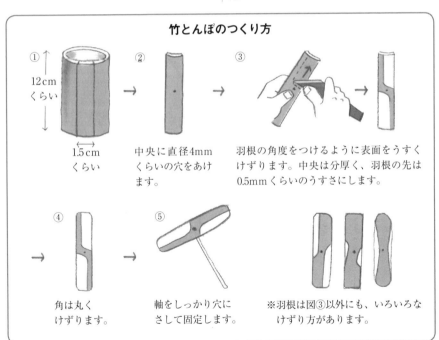

### 竹とんぼのつくり方

① 12cm
くらい

1.5cm
くらい

② 中央に直径4mm
くらいの穴をあけ
ます。

③ 羽根の角度をつけるように表面をうすく
けずります。中央は分厚く、羽根の先は
0.5mmくらいのうすさにします。

④ 角は丸く
けずります。

⑤ 軸をしっかり穴に
さして固定します。

※羽根は図③以外にも、いろいろな
けずり方があります。

※これは遊びの説明のように右手を前に出して飛ばすときのけずり方。
　左利きの方は、左右逆にけずってください。

# なわ遊び

**縄さえあれば1人でも大勢でも遊べます。**

　縄1本で、子どもはいろいろな遊び方を生み出しました。縄さえあれば、1人でも大勢でもすぐに遊べてしまうのです。1人でとぶ短縄と複数でとぶ大縄がありますが、大縄はうまくとべる子ととべない子がいて、もどかしさや悔しさが入り交じり、みんなでうまくとべたときは友情がさらに深まります。

　変わり種のなわ遊びもあります。二つ折りした短縄を片手で持ってクルクル回すのを横から見ると絶対失敗しない前回しとび。1人がしゃがんで頭の上で水平に回して、友だちがとぶというのもおもしろいです。

### まめちしき

大縄をとぶときの人の流れから「8の字」と呼ばれる遊びは経験のある人も多いでしょう。数名が1列になってずっと続くように、声をかけあいタイミングを合わせてとぶのは楽しいものです。また、同時に回される2本の大縄の中で跳ぶ「ダブルダッチ」という遊びは、競技化もされていて世界大会まで開かれています。

## 短縄とび

**前回しとび
二重とび**

「前回しとび」は基本のとび方です。
縄を前に回してとびこえます。
1回のジャンプで2回縄を回せると
「二重とび」になります。

**交差とび
あやとび**

手を交差させたままとぶのが「交差とび」。
「前回しとび」と「交差とび」を交互にする
のが「あやとび」です。

# 大縄とび・長縄とび

みんなで息をあわせてとぶ大縄遊び
は、全員に一体感が生まれて楽しいも
のです。歌に合わせて、とび方もいろ
いろあります。

## 大波小波

♪大波小波で
　ぐるりとまわってにゃんこの目♪

これは1人でとびます。大波小波は左右に
ゆらした縄をとび、次にぐるりと回る縄を
とび、最後の「目」で足の間に縄をはさん
で止めて終わります。

## 一羽のカラス

♪1羽のカラスがカーカー
　2羽のニワトリこけこっこ
　3は、魚が泳いでる
　4は、しらがのおじいさん
　それ1ぬけた〜
　それ2ぬけた〜
　それ3ぬけた〜
　それ4ぬけた〜♪

と1人ずつ入って、1人ずつぬけていきま
す。縄に入る人数によって、10まで歌と動
きが続きますが、地域や世代によって、歌
詞が少しずつ違います。

## 郵便屋さん

♪郵便屋さんの落としもの
　拾ってあげましょ
　1枚　2枚　3枚　4枚　5枚
　6枚　7枚　8枚　9枚　10枚
　ありがとさん♪

これも1人でとびます。「1枚……」のとこ
ろでは、しゃがんで手を地面につきながら
とび、「ありがとさん」でぬけます。

# 春の草花遊び

## 春は楽しく遊べる草花がたくさんある季節です。

　草花遊びは年中できますが、とくに春の野山は色とりどりの草花であふれます。もっとも季節となかよくなれる遊びですから、これをやらない手はありません。草花と遊んでいるうちに、その名前やどんな場所に生えているのかなど、自分の暮らす地域の草花のことをよく知ることができます。

　おとなになっても野山に立って、風が吹き抜ける感触や草花の青々とした匂いから、子どものころの草花と遊んだ記憶がすぐによみがえってくるのです。

### まめちしき

雑草と呼ばれて嫌われがちな草花にも名前があり、美しい葉の形、小さな花をつけていたりします。アスファルトのすき間からたんぽぽなどが顔を出していたりしますからよく見てみましょう。ただし、整備された公園の花や植え込みの花などはつんではいけません。

春の小川では、草花で遊ぶ子どもたちの姿が見られたものです。

# たんぽぽ

あちこちに生息するたんぽぽは、遊び方のバリエーションも豊富です。
ほかの草花でもできるので身近なものでつくってみましょう。

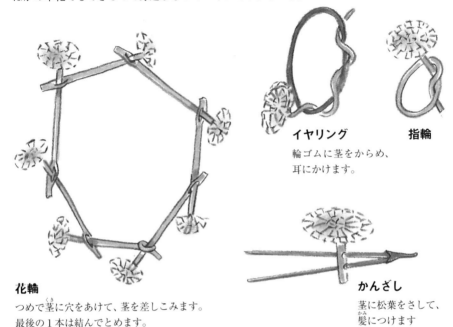

**イヤリング**

輪ゴムに茎をからめ、
耳にかけます。

**指輪**

**花輪**

つめで茎に穴をあけて、茎を差しこみます。
最後の1本は結んでとめます。

**かんざし**

茎に松葉をさして、
髪につけます

**風車・水車**

茎の両はしから切りこみを入れ、し
ばらくするとこのようにくるんと反
り返ります。茎に松葉や竹ひごなど
を通します。

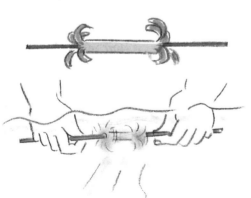

水の流れでくるくると。

風に吹かれてくるくると。

# シロツメクサ

一面真っ白なシロツメクサの花畑は、女の子をおひめ様に、
男の子を博士に変身させてしまうのです。

## かんむり

①1本を軸にして、もう
　1本を巻きつけます。
②新しい1本を①の下に
　巻きつけます。同様
　に、頭にかぶれる長さ
　までくり返します。
③最後の花の茎を①の花
　に巻きつけて、茎のす
　き間に通してとめれ
　ば、できあがり。

## めがね

①茎2本をねじる、または3本を三つ編みします。これを2本用意します。
　はじがほどけそうなら、糸またはテープでとめます。
②①の1本を輪にして、両はしに花の茎を差し込みます。
③茎を花の首にかけてできた輪に通し、引きしめます。これを2組つくります。
④③の2つの輪を別の茎で結びとめれば、できあがり。

## 笹舟
<small>ささぶね</small>

①真ん中に向かって折ります。
②左右2ヵ所ずつ切りこみを入れ、3つに分けます。
③両はし同士を通したら「笹舟」のできあがり。

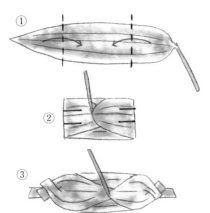

## ぺんぺん草（なずな）

春の七草の1つ。ハート形の葉のようなものは果実なのです。これを茎から少しずつはがし、でんでんだいこのように振って鳴らします。

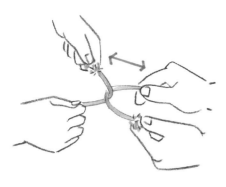

## 草ずもう

オオバコやクローバーなど、力士に向いている草はたくさんあります。おたがいに茎で引っ張り合い、先に切れた方が負けです。

# 春の折り紙

**1枚の紙と指先がつくり出すさまざまな伝承の形です。**

　紙を折るだけで、多様な形を生み出す折り紙。ひと折りごとに心がこめられた我が子の作品を、お守りのようにバッグに忍ばせているお母さんもいることでしょう。電車やバスなどの移動中に、折り紙を取り出して親子で折っている姿を見かけることもあります。海外に行くときは、必ず折り紙を持って行くという人もいるようです。

　折り紙でつくれるものは無数にあります。幼児でもかんたんに折れてしまうものから、おとなでも手こずるほど難しいものまで、幅が広いのも魅力なのです。

## まめちしき

最近は、はじめから折るものが限定されている折り紙が売られています。たとえば動物なら、表には毛の特徴や目や口など、裏には折る場所を示す点線まで印刷されているので、ガイドに従うだけで、かなりハイレベルなものまで折れてしまいます。

折りはじめると、不思議と子どもたちは無口になるものです。
古新聞やチラシなどは独特の雰囲気が出るので、折り紙にぴったりです。

## おひなさま

①半分に折り、開きます。
②真ん中に向けて折ります。
③上の三角を折りこみます。
④折りこんだ三角の頭の位置で
　折り上げます。
⑤両側を点線の位置で折ります。
⑥上下それぞれを点線の位置で
　後ろへ折ります。
⑦もう1枚で①〜⑥を折り、さらに
　おびなは頭のてっぺんを折り上げます。
　顔を描いたら
　「おひなさま」の
　できあがり。

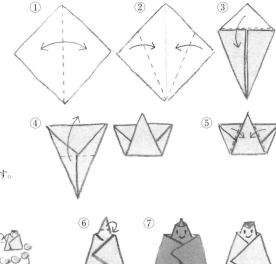

おびな　　めびな

## かぶと

①縦に半分に折って開き、横に半分に折
　ります。
②両側を真ん中に向けて折ります。
③点線の位置で折りこんでいきます。
④点線の位置で折り上げていきます。
⑤後ろ側の三角を中に入れこみます。
⑥「かぶと」のできあがり。

※古新聞など大きな紙で折ると、子ども
　たちがかぶって遊べます。

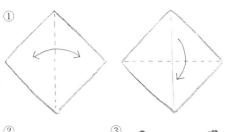

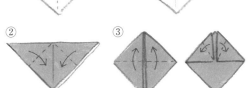

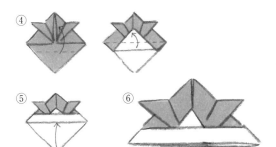

➡ 「ひな祭り」については40ページに、「端午の節句」については44ページにあります。

# 春の手遊び

**向き合い、触れ合い、笑い合う、笑顔になれる遊びです。**

　「せっせっせーのよいよいよい」のお決まりのフレーズで始まります。向き合って手遊び歌をしている子どもがいたら、その2人は必ず笑っているものです。おたがいの歌声の大きさや調子、歌のテンポなど、ぴったり合えばうれしくて笑い、合わなければおかしくて笑うのです。

　なかよくなるにはスキンシップが一番。おたがいの手のひらのぬくもりを感じながら、声高らかに歌いましょう。歌いながら、かわるがわる手を動かすには、かなり頭も使います。数回続けるとへとへとになるものです。

## まめちしき

手遊び歌は、手合わせ歌とも呼ばれます。「せっせっせー」ではじまるところまでは同じでも、歌詞や手の合わせ方が地域や世代によって異なるので、おとな同士でいっしょにやろうとしても、ときにはなかなか手が合わないこともあります。

手遊び歌は、たがいに向き合い、手と手がふれ合うことで、自然となかよしになれるのです。

# アルプス一万尺 (原曲：Yankee Doodle)

作詞・作曲：不詳　原曲：アメリカ民謡

♪アルプス一万尺
　小槍の上で
　アルペン踊りを
　さあ踊りましょう
※ランラララ　ラララ
　ランラララ　ラララ
　ランラララ　ラララ
　ラララララ

きのう見た夢
でっかい小さい夢だよ
のみがリュックしょって
富士登山　ヘイ
※くり返し

お花畑で
昼寝をすれば
ちょうちょが飛んできて
キスをする
※くり返し

一万尺に
テントを張れば
星の ランプに
手が届く　ヘイ
※くり返し

この歌詞はまだまだ
続き、なんと29番ま
であるのだそうです。

## 遊び方　歌いながら、下記の一連の動作をくり返します。

**ア**
拍手1回

**ル**
右手同士を合わせます。

**プ**
拍手1回

**ス**
左手同士を合わせます。

**いち**
拍手1回

**まん**
両手同士を合わせます。

**じゃー**
自分の指を組んで

**く**
両手同士を合わせます

**こや**
拍手2回

**り　の**
右手で左ひじをつかみ、
次に、左手で右ひじをつ
かみます。

**うー**
腰に手を
当てます。

**えで**
右手で左ひじ
をつかんで伸
ばし、相手の
右ひじをつか
んで井桁に組
みます。

# 友だちづくりに一役

文／正岡慧子

## 春の地面で静かに競う
## おはじきゲームが育てたものは

　寒い冬から解放されると、子どもの遊びは屋内から戸外へと移行していきますが、春は入学式や進級時のクラスがえなどもありますので、友だちとの遊びが増えるチャンスでもあります。なかよくなるには、まず2人で遊ぶことが基本。いつでも、どこでも、遊べるように、私はおはじきを袋に入れて、ランドセルにぶらさげていたような記憶があります。

　おはじきは指と爪の感覚ではじくゲームですから、簡単で誰にでもできるのですが、けっこう集中力が必要。私は土の上でする陣取りゲームが好きでした。大地のでこぼこなど諸条件で必ずしも計算通りにいかないおもしろさがありましたし、攻撃的ではなく静かでありながら、競うというゲーム性を十分に味わうことができたからです。私の勝率は高かったと思います。

　そうそう、おはじきを教えてくれたのはおばあちゃんでした。おはじきゲームは指のテクニックが命なので、運動神経もよくなりますし、4～5人でする場合は勝敗よりも同じ時間と空間の共有に意味があります。大人、子ども、高齢者がいっしょに遊べるのも、おはじきのいいところでしょうね。

### 4人でする陣地取りゲーム

①大きな四角を描き、四すみを各々の陣地とします。
②順番を決めて、1人3回ずつおはじきをはじいて、
　通った道の内がわを自分の陣地として広げていきます。（イ、ロ）
③おはじきが自分の陣地にもどれなかったら、
　陣地を増やせません。（ハ、ニ）
④誰もおはじきをはじけなくなったら、ゲームは
　終わり。陣地の広さが順位となります。

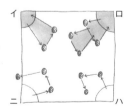

# 夏

子どもが主役の行事や祭り、子どもと楽しむ行事や祭り、
季節を感じながら友だちと楽しむ遊び、季節を彩る
草花遊びや折り紙遊びなどを紹介します。

カボチャに竹ぐしさしたら
栄養たっぷりな「虫かご」完成

# 七夕
たな　ばた

7月7日／短冊に願い事を書いてかざります。

　天の川をはさんで光り輝く「おりひめ（織女星）」と「ひこぼし（牽牛星）」が、
年に一度だけ出会う7月7日の七夕の晩。なんともロマンチックな伝説ですが、
旧暦の七夕は現在の8月なので晴天が多かったものの、今の七夕は梅雨が明けて
いないことも多く、2人が出会える機会が少なくなってしまったのは残念です。

**まめ ちしき**

七夕の風習は、中国や韓国にもあります。韓国では日本とは反対に、七夕は雨が降るほうがよいと
されています。この日の雨は、1年ぶりに再会したおりひめとひこぼしの喜びの涙だと言い伝えら
れているからだそうです。

七夕が近づくと、笹に折り紙などでつくった七夕かざりや願い事を書いた短冊をつるし
ます。北海道や岐阜県などでは、歌いながらろうそくをもらいに家を訪ねたり、山梨
県では、紙の七夕人形もかざり、七夕が終わったあとに厄除け、留守番（オルスイさん）
として柱などにはるそうです。

➡ おりひめとひこぼし、七夕かざりなどの折り紙は、90・91ページにあります。

### 七夕祭り

7・8月は、全国各地で七夕祭りが開かれています。なかでも、毎年8月に行われる宮城県仙台市の「仙台七夕まつり」は有名で、色とりどりの大きな七夕かざりがシンボルです。

### 七夕馬

昔は、真菰でつくった「七夕馬」を引く子どもの姿が見られたものでした。旧暦の七夕はお盆の時期でもあったため、「七夕馬」はご先祖様を迎える乗り物としてつくられていました。

### 七夕人形

長野県松本市の「七夕人形」。初めて子どもが生まれた家では、健やかな成長を願って、このように人形をかざる風習があります。

※真菰は、イネ科の植物で全国の川や湖、沼に生えていて、生活に活用されてきました。

→七夕人形を軒先に下げた写真は、本の始めのカラーページにあります。

71

# お盆

**家族みんなでご先祖様を迎えます。**

　昔は旧暦の7月15日をお盆とし、行事は七夕から始まるとされていました。現在では新暦の7月15日や8月15日など、地域によって時期が異なりますが、なかでも新暦の8月15日（月遅れの盆）にお盆を行う地域がもっとも多いです。

　家族みんなで、盆棚をつくったり、ナスやキュウリで精霊馬をつくったり、ご先祖様を迎える準備をします。門口でたく迎え火、寺社の境内などでおどる盆踊り、送り火や灯籠流しなど、お盆はたくさんの行事を通して、ご先祖様と自分とのつながりを考える機会でもあります。

## まめちしき

長野県松本市では、男の子の「青山様」、女の子の「ぼんぼん」というお盆の行事が行われてきました。「青山様」はこんもりと杉の葉をのせた「青山神社」という小さな幟を立てた神輿をかつぎ、「青山様だい、わっしょい、こらしょ」とかけ声をかけながら町内をねり歩きます。「ぼんぼん」は、浴衣姿の女の子たちが、提灯をさげ、紙の花かざりを頭につけ、下駄をはいて、「盆ぼんとても今日明日ばかり、あさっては山のしおれ草」と歌いながら町内を歩きます。

ご先祖様を迎えるための盆棚。精霊棚とも呼ばれます。真菰を敷いた祭壇の四隅に青竹を立て、縄を張り、縄からそうめんや昆布、ほおずきなどを下げます。祭壇には、位牌やお供え物、ご先祖様の好物などを供えます。

ご先祖様の乗り物「精霊馬」をつくります。迎えるときの乗り物はキュウリの馬（足が速いので早く来られるように）、送るときはナスの牛（ゆっくり帰っていただくように）です。

➡ 真菰でつくる「七夕馬」（71ページにあります）も、お盆のお供え物の1つです。

# 花火

**日本の夏の夜の風物詩です。**

　夜空で花開く打ち上げ花火、眼下でパチパチとはじける手持ち花火。楽しみ方はいろいろですが、花火は日本の夏の風物詩。子どもたちの絵日記に描かれることも多いでしょう。

　色が七変化したり、勢いよく音が鳴ってはじけたり、くるくると動き回ったりと、今の手持ち花火は多種多様で、子どもたちを飽きさせることがありません。大いに盛り上がった後は、だれが決めたのか線香花火で終わります。誰よりも長く火を保つため、みんなが無口になって花火を見つめる光景には、夏の終わりを感じさせるような、なんとも言えない風情があります。

## まめちしき

最近はスーパーやホームセンターで手持ち花火を買いますが、昔は駄菓子屋やおもちゃ屋で買うものでした。そのためか、手持ち花火をおもちゃ花火と呼ぶこともあります。

**注意！**

消火用の水バケツなどを用意したり、やけどしないように花火の向きに注意する必要があります。しかし、その前に、このごろの住宅街では、静かな線香花火くらいしかできなくなっています。打上げ花火はもちろんのこと、手持ち花火禁止の公園もあります。楽しめる場所を事前に確認する必要があります。

夏は全国各地で大小さまざまな花火大会が開かれます。初めは花火の大きな音に驚いて小さくなっていた子どもたちも、「たまやー　かぎやー」と夜空を見上げます。
「たまや（玉屋）」「かぎや（鍵屋）」は、江戸時代の花火師の屋号（店名）で、打ち上がった花火をほめるかけ声として今も使われています。

# 夏祭り

**子どもと地域の大切な触れ合いの場です。**

　お祭りが多い季節はやはり夏でしょう。古今東西、夏になると全国各地でお祭りが行われます。古くは七夕やお盆を起源とした伝統行事でしたが、現代では商店街や自治会などが主体となった地域祭りもずいぶん増えました。

　子どもたちにとっては、起源より、地元のお祭りそのものが一番の関心事。女の子にとっては、浴衣を着せてもらえる楽しみな日です。子ども神輿をかついだり、盆踊りを踊ったり、屋台で買ってもらった綿菓子を食べたり……。夏祭りでしか経験できないことがたくさんあります。地域との触れ合いの場としての役割も大きくなってきています。

## まめちしき

盆踊りでは「花笠音頭」、「炭坑節」などの民謡系の曲や歌謡曲、アニメソングなど、世代をこえてさまざまな曲が流され、だれでもいっしょに楽しめる多世代交流の場となっています。ブラジルなどでも日系人を中心に盆踊りが行われ、地域交流の場として受けつがれているのはうれしいことです。

**盆踊り**

金魚すくい

今も昔も、金魚すくいをする顔は真剣です。

お神輿（みこし）

「わっしょい わっしょい」子どもたちが威勢（いせい）よくお神輿（みこし）をかつぎます。

# おみこし わっしょい

**夏祭りの余韻を身体いっぱいで楽しみます。**

　持ち上げる方も、持ち上げられる方も、1つになって「わっしょい わっしょい」。お祭りで初めてかついだお神輿の余韻にひたりながら……。祝ってあげたい友だちを胴上げするように……。いろんな「わっしょい」がありそうですが、こんなふうに友だちが友だちを持ち上げるのはふざけっこなしの真剣勝負です。

## まめ ちしき

人を持ち上げるのが怖いときは、簡単なお神輿をつくって遊びましょう。新聞紙を丸めた棒やフラフープの上に段ボール箱をくっ付けて、人形やぬいぐるみを乗せてかつぎます。

①2人向き合って、手首をつかんで
　組みます。

②この組み合ったところにもう1人
　が腰かけ、落ちないように神輿役
　の人の肩に手をかけます。
③神輿役の2人が、「わっしょい
　わっしょい」と歩き回ります。

園では、みなでつくったお神輿を順番
にかついで回ります。

# 下駄うらない

**はき物に明日への願いをこめて放ります。**

　楽しみにしている行事の前日に、明日はきっと晴れますように……と願いを込めて、はき物を放ったことがある人も多いでしょう。

　「あした　てんきに　なあれ！」昔は下駄を放ったものでしたが、今の子どもたちはスニーカーでしょうか。はき物を思いっきり飛ばした後は、片足ケンケンで取りに行きます。

### まめ ちしき

地面に落ちたはき物が表を向いたら「晴れ」、裏側を向いたら「雨」、横を向いたら「曇り」です。たとえば、明日どうしても晴れてほしい場合は、はき物が表を向くまで何度でも放り直したものです。

明日は晴れ！　　　雨だって……　　　曇りならいいか？

# 氷おに

## 気分だけでも涼しくなれる鬼ごっこです。

　暑い夏、子どもたちは想像の世界だけでも氷になることができる氷おにで、気分だけでも涼しく遊びます。実際は走りまわるので暑くなりますが、遊びが始まったら子どもたちには暑さ寒さなんて関係ないのです。鬼にふれられると、そのときの形のまま固まらなければならないルールですが、どんな形の氷になるのかも見せどころです。

①まず鬼を決めます。
②鬼は10数え、その間に鬼以外の子どもは逃げます。
③数を数え終わったら、鬼はみんなを追いかけます。

④鬼にタッチされた人は氷になります。(その場で凍って動きません)
⑤みんなを凍らせることができたら、鬼の勝ちです。

※逃げる範囲を決めないと走り回るだけの鬼ごっこになったり、遊ぶ人数が多いときは鬼を複数にしないと鬼の勝ち目が全くなかったりしますので、遊びの設定を決めましょう。

鬼が決まったら、氷にされないように、みんないっせいに走り始めます。

## まめ ちしき

氷になった人をとかすルールはいろいろあります。

### 氷になった人をとかすルール〈例1〉

氷じゃない人にタッチしてもらうと、
氷がとけるというもの。
ただし、鬼が一人だけだとなかなか終
わりません。

### 氷になった人をとかすルール〈例2〉

氷じゃない人に股下をくぐってもらうと、
氷がとけるというもの。

こんなふうに氷の形が
決められているものも
あります。

# てっぽう遊び

**いろいろな玉を勢いよく飛ばして遊びます。**

　水をかけ合ったり、木の実や葉を投げ合ったり。もちろんそれだけでも楽しいですが、そこにもっと勢いをつけたくなるものです。つくるところから取りかかれば、楽しさも倍増します。勢いをつけるための自分なりの工夫を加えられるのも手づくりのよいところ。こわれても自分でつくり直せるのも魅力的です。

## 竹の水鉄砲

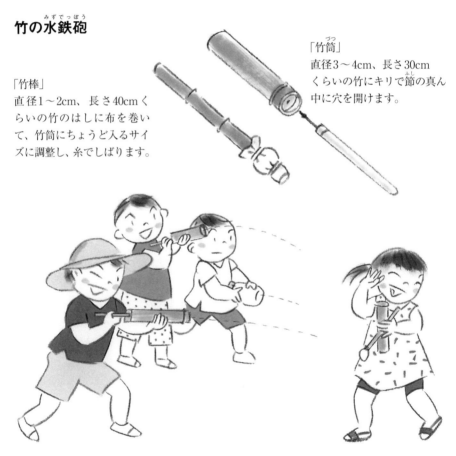

「竹筒」
直径3〜4cm、長さ30cm
くらいの竹にキリで節の真ん
中に穴を開けます。

「竹棒」
直径1〜2cm、長さ40cmく
らいの竹のはしに布を巻い
て、竹筒にちょうど入るサイ
ズに調整し、糸でしばります。

竹筒に入れた竹棒で水を吸い上げてから、勢いよく棒で水を押し出して遊びます。

## 杉鉄砲

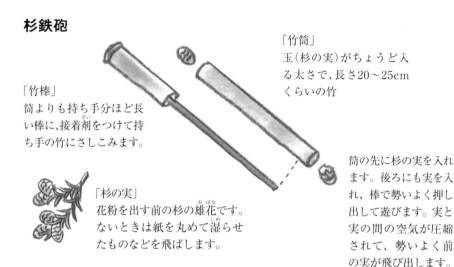

「竹筒」
玉（杉の実）がちょうど入る太さで、長さ20～25cmくらいの竹

「竹棒」
筒よりも持ち手分ほど長い棒に、接着剤をつけて持ち手の竹にさしこみます。

「杉の実」
花粉を出す前の杉の雄花です。ないときは紙を丸めて湿らせたものなどを飛ばします。

筒の先に杉の実を入れます。後ろにも実を入れ、棒で勢いよく押し出して遊びます。実と実の間の空気が圧縮されて、勢いよく前の実が飛び出します。

## 割りばし鉄砲

割りばしを2膳（4本）と輪ゴムを7個以上用意します。

①割りばし2本の先で、1本をはさんで輪ゴムでとめます。
②残りの1本を3つに切り、1つに切り込みを入れて図の位置でさし入れます。
③それぞれ輪ゴムで固定したら、できあがり。

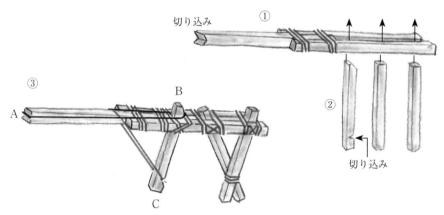

切り込み
①
③
B
A
②
切り込み
C

　輪ゴムをAとBにかけて、Cを引いて飛ばします。

**注意！**
水、木の実、輪ゴム……。どんな玉でも勢いがつくと当たったときは痛いですから、くれぐれも飛ばす方向には気をつけて遊びましょう。

# ビー玉遊び

**美しく涼しげなガラスの玉をはじいて遊びます。**

　ビー玉がパチンパチンとはじき合う音に、なつかしさを覚える人も多いでしょう。最近ではすっかりかざり物になってしまいましたが、昔はポケットにビー玉をたくさんつめこんで、土の上で当てっこ遊びをしたものです。うまく当てられれば自分の玉が増えるのですから、それはもう指さばきに全神経を集中させて挑みます。

## まめちしき

ビー玉という呼び方の由来は、ポルトガル語でガラスを意味する「ビードロ」からきているという説があります。または、ラムネのビンが開発されたとき、中に使われたガラス玉がまんまるなものが必要とされ、当時の技術では多くの不良品（B級品、B玉）を生み、それが子どもの遊び道具となったという説もあります。実は呼び方もいろいろあって、地域によっては「ビーダン」や「マーブル」「かっちん玉」と呼んでいるところもあります。

**丸ビー**

　もっともポピュラーな遊びはビー玉当てでしょう。丸（丸ビー）や三角（三角ビー）や星（星ビー）の形をした島にビー玉を入れ、はなれた場所からビー玉を指先ではじいて入れます。うまく当たって島の外に出たビー玉は自分のものになります。

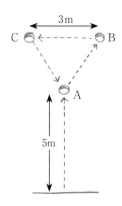

## 三角ビー玉

①上図のように3つの穴を掘ります。

②順番にスタートラインからAをめがけて
ビー玉をはじき、Aに一番近かった人か
ら順にAにビー玉を入れていきます。

③同じやり方で、B→C→Aと穴をまわり、
一番早く一周できた人が勝ちです。

※まわるときは、素直に穴をねらうもよし、
誰かのビー玉をはじき飛ばしてもよし。
勝つための作戦を立てましょう。

## ビー玉のはじき方

基本的に、つめではじくか、親指と人差し指でビー玉を持って、
ぎゅっと力を入れてはじき飛ばします。順番にビー玉をはじいて
目標に進むとき、前に止まった位置からはじきます。その際、自分
のいずれかの指先がその位置にあればよいので、昔の子どもたち
はいろいろなかまえ方・はじき方を考え出しました。

例①　　　①爪でそっとはじきます。近くの
ビー玉をねらうときに使います。

例②　　　②人差し指で持ち、親指で勢いよく
遠くへはじき飛ばします。

例③　　　③小指を支点にして片手分近づいて
はじきます。

例④　　　④小指同士をからめて親指を支点に
し、両手分近づいてはじきます。

### 目玉落とし

ビー玉を目の位置まで
持ってきて、狙いをつけて
から落とします。当たれ
ば自分のものになります。

# 夏の草花遊び

**夏の草花遊びは絵葉書のような風情(ふぜい)があります。**

　夏は旅行や行楽で、子どもたちが自然に触れる機会が多くなる季節でしょう。夏の草花には勢いがあります。日差しをたっぷり浴びて、太陽に向かって力強くのびた夏の草花で遊ぶうちに、この季節にしか得られないパワーを受け取ることでしょう。

　夏の花や実で遊ぶ子どもたちの姿は、日本の夏の情景を切り抜いた絵葉書のようです。昔、子どもだった大人もいっしょに遊んで、夏休みを思い出してみませんか。夏休みに一度は体験してほしい遊びの1つです。

## まめちしき

夏は自分の住む町以外の自然に触れ合うことも多いでしょう。都市部の子どもは地方の、地方の子どもは都市部の、それぞれ自分の町との環境(かんきょう)の違いに気づくチャンスです。遊びを通した気づきは一生ものです。

## アサガオの色水

昔から子どもたちは日本的で美しいアサガオの色を愛(め)でながら遊んできました。カップなどに花びらを入れて、石でたたいたり、こすったりして色水をつくります。できた色水をままごとのジュースに見立てたり、和紙を染めたり、絵を描いたりして遊びます。

# オシロイバナ

夕方になると花を咲かせるオシロイバナ。美しい花も見ものですが、その名の通り、種につまった白粉は、子どもたちの初めての化粧道具なのです。

## 種でお化粧

①花の後にできる黒い種を集めます。
②種を半分に割ります。
③爪楊枝などで中から白い粉を取り出します。
　集まった粉をおしろいのように顔にぬって遊びます。

## 注意！

白い粉は、口に入れるとはいたり下痢などを起こします。誤って食べないように気をつけてください。

## 落下傘

①オシロイバナをつみます。
②ガクを取ってめしべだけを残します。
③先の丸いところを止まるところまで静かに引っ張ると、
　落下傘のできあがり！
　軽く投げて飛ばしましょう。

# ほおずき

6～7月になると全国各地で開かれる「ほおずき市」は夏の風物詩。観賞用として大人の目を楽しませてくれるほおずきですが、子どもにとっては遊び相手なのです。

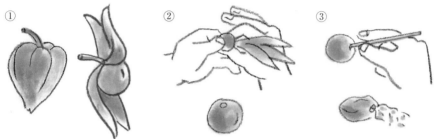

## 種の出し方
①袋状のガクを裂いて、持ちあげます。
②実をもみます。中の種が柔らかくなるまで根気強くもむとガクが外れます。きれいな穴が開きます。
③開いた穴が破れないように、つまようじなどで中身を出します。

## ほおずき風船
中が空になったほおずきに空気を入れ、紙風船のようにぷーっと口で吹いて飛ばします。

## ほおずきの笛
①空気を入れたほおずきを下くちびるにのせます。
②上の歯でほおずきを軽く押すと、ブーっと鳴ります。
※音を鳴らし続けるためにはどうしたらいいのか、いろいろと試してみましょう。

## ほおずき人形
①ほおずきのガクを裂いて胴体にします。
②帯に見立てた千代紙を巻くと、ほおずき人形のできあがり！
※ガクの上から千代紙の上着を着せてあげてもすてきです。

## カボチャの虫かご

昔は半分に切ったカボチャに竹ぐしをさした虫かごに、炎天下で追いかけ回してやっと捕まえた夏の虫たちを閉じこめたものです。
※2本だけ長い竹ぐしは、虫の出し入れ用です。虫によってはカボチャを食べるのでエサいらずです。

## お面遊び

スイカの皮やさといもの葉に思い思いの穴をあけて顔をつくり、お面に仕立てて遊びます。さといものお面は茎をうまく使って、顔から落ちないようにします。さといもの葉は傘になったり、子どもたちの変身願望をかなえてくれます。

# 夏の折り紙

## 向き合い、触れ合い、笑い合う、笑顔になれる遊びです。

　毎年のように最高気温を更新しているこのごろですから、子どもたちは夏を室内で過ごすことも多いでしょう。折り紙遊びは、夏の室内遊びにぴったりです。なかでも夏の始まりである七夕は、折り紙でむかえると言ってもよいでしょう。色とりどりの折り紙でつくったかざりが、笹を彩ります。

### まめちしき
七夕かざりは、一枚の紙に切りこみを入れることで、見事な立体に姿を変える切り紙遊びでもあります。「おりひめ」と「ひこぼし」が出会う七夕の夜空を思い浮かべながら、折り紙遊を楽しみましょう。

## おりひめとひこぼし

①半分に折り、開きます。
②小さく三角に折りこみます。
③さらに真ん中で折ります。
④裏返します。
※この先は「おりひめ」と「ひこぼし」で折り方が変わります。
**ひこぼし**
⌈ ⑤両側をまん中に折ります。
**おりひめ**
⌈ ⑤底辺の3分の1の位置で前に
　　折り重ねます。
⌊ ⑥点線の位置で折り返します。
⌊ ⑦そのまま裏返します。

「おりひめ」も「ひこぼし」も顔を描いたらできあがりです。

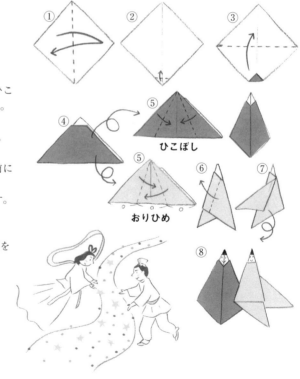

## あみかざり

①半分に折り、開きます。
②左右から中央に折り、さらに半分に折ります。
③左右交互に切り目を入れます。
④破れないように開いたら、できあがりです。

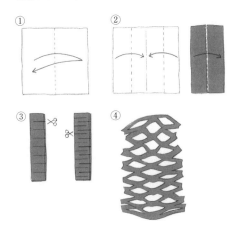

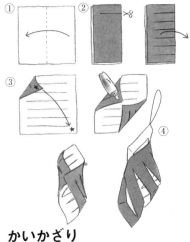

## かいかざり

①半分に折ります。
②中央側から同じはばで切りこみを入れます。
③★と★を合わせて、のりづけします。
④糸をつけたら、できあがりです。

## ちょうちん

①半分に折ります。
②同じはばで切りこみを入れます。
③広げてから輪にします。
④はしをのりづけして、上に糸をつけたら、
　できあがりです。

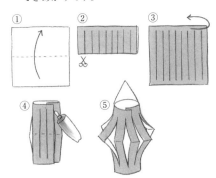

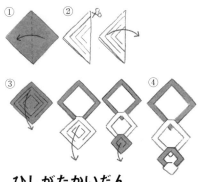

## ひしがたかいだん

①半分に折ります。
②図のように、交互に直角の切りこみを入
　れます。広げます。
③直角を引き出すように、大から小へ折り
　下げていきます。
④切りこみをすべて折ったら、できあがり
　です。

➡「七夕」については70ページにあります。

# 桑の実は夏の味

文／村松亜希子

## 自然との関わりの中で子どもたちがつくる
## やわらかな遊びのルール

子どものころ、山梨のいなか町には桑畑があった。小学校ぞいには、ひときわ大きな桑の木が1本あって、お蚕さんが食べる葉を取る木とは違って、初夏にたわわにおいしい実をつけていた。(写真)

黄緑、赤、黒紫色へと熟していく実は美しく、食べると指も口も紫（赤黒く）に染まり大笑い、食べるときは五感の全てが発揮された。さらに、色遊びやおままごと遊び……。

子どもたちの間にはルールがあった。取りやすい下の枝は低学年、真ん中は中学年、高学年は高い上の枝。厳密にどの枝というわけではなく、その日のメンバーの背の高さ、木登りのうまさ、実のなり具合などで自然に決まった。木登りのじょうずな子は例外で、低学年でも上の実を食べてよく、あこがれの的となり、みんなにふるまっていた。

取っていい草木、つかまえていい虫……子どもたちが好きに遊んでいい場所はたくさんあった。そしてその場所ごとに、子どもたちの間で受けつがれてきたやわらかなルールがあった。それを教えてもらうことや新たにつくっていくことは、楽しい世界を広げ、ワクワクすることだった。

今でもこんな木を持っている子は幸せだと思うが、身近にあっても、取る子が少ないのが現状。

実のなる草木、生きものがくる草木を植えてみませんか？　そして、その場所を子どもたちにゆだねてみませんか？

# 秋

子どもが主役の行事や祭り、子どもと楽しむ行事や祭り、
季節を感じながら友だちと楽しむ遊び、季節を彩る
草花遊びや折り紙遊びなどを紹介します。

落ち葉で
のぞきっこ始めました

# お月見

**旧暦の8月15日／満月を愛でる風習です。**

　お月見とは、その名の通り「月を見る」ことですが、おもに旧暦の8月15日（9月中旬～10月上旬）の満月の日を言います。「十五夜」、「中秋の名月」、「芋名月」などと呼ばれています。暮らす環境によって、満月の景色もだいぶ違いますが、それぞれの空で煌々と照る満月を愛でるのです。

　お月見で子どもたちが楽しみにしているのは、なんと言ってもおだんごです。子どもたちも小さな手でこねて、満月らしいまん丸のお月見だんごをつくります。でも、地域によっては形が異なり、西日本ではさといもの形であんこがのっているものもあります。

## まめ ちしき

日本には、旧暦の8月15日だけでなく、旧暦の9月13日にもお月見をする風習があります。この日は「十三夜」、「後の月」、「栗名月」などと呼ばれます。十五夜は「芋名月」と呼ばれるだけあって、さといもをお供えします。栗名月と呼ばれる十三夜は、栗をお供えします。

三方に盛ったお月見だんごに秋の果物、さといもやさつまいも、秋の七草（ススキ、ハギ、キキョウ、ナデシコ、クズ、フジバカマ、オミナエシ）を月がよく見える場所にお供えします。

## お月見どろぼう

十五夜のお供え物は、この日に限り子どもたちが盗<sup>ぬす</sup>んでよい風習があります。そうときたら、子どもたちはあの手この手でおだんごをねらいます。でも実は大人たちも、子どもたちが盗みやすいようにと、お供えする場所を工夫をしていたのです。おだんごを盗まれることは縁<sup>えん</sup>起<sup>ぎ</sup>がよく、豊作になるとも言われています。

# 七五三

## 11月15日／子どものすこやかな成長を氏神様に報告します。

　無事にわが子が3歳、5歳、7歳になったことを氏神様に報告し、感謝する年中行事です。時代とともにスタイルこそ変わっていますが、今もなお色濃く伝承されている行事と言えるでしょう。

　最近では、男の子は5歳、女の子は3歳と7歳で行うことが多いですが、これも地域によって異なります。年齢も、昔は数え年で行なっていましたが、今はいろいろなケースが見られます。でも、子どものすこやかな成長を願う親心は、今も昔も変わりません。

※氏神様とは、地域を守る神様、神社のことです。

### まめ ちしき
七五三よりも13歳で行う「十三詣り」の方が盛んな地域もあります。ちょうど小学校を卒業し、中学校に入学する春ごろにお参りします。

### 千歳飴
七五三に欠かせない「千歳飴」。その名の通り「長生きしますように」という願いを込めた飴です。飴は紅白、袋に描かれた絵柄は鶴亀に松竹梅と、とにかく縁起のよい飴なのです。

## 宮参り

家族そろって晴れ着姿で出か
けます。最近はスタジオで写
真を撮ることもあるようです
が、こうして家族で祝う姿を
残していきたいものです。

# かんけり

**空き缶を思いっきり遠くにけ飛ばせると有利です。**

　飲み物といえばペットボトルが主流の現代では、空き缶を見かけることが少なくなりましたが、かつて空き缶は子どもたちの大事な遊び道具でした。「かんけり」は、かくれんぼの一種ですが、違うのは缶を使うことです。

　なかでももっとも重要な役割は、缶をける子どもでしょう。できるだけ遠くに飛ばして、自分たちがかくれる時間をかせぐのです。ここで下手をしてしまうと、鬼以外のみんなからは大ブーイング、うまく飛ばすことができたらヒーローですから、それはもう気合いが入ります。

## まめ ちしき

このごろは、缶はおろかボールですら思いっきりけることができる遊び場が少なくなってしまいました。空き缶もける場所もなかなか見つからない中で、どのようにこの遊びを伝えていくのか、大人の課題でもあります。

①置く位置を決めて、空き缶を立てます。
②鬼以外の子どもの１人が空き缶をけります。
③缶を鬼がもどす間に、子どもたちは思い思いの場所にかくれます。
④鬼は缶をもどしてから10数え、子どもたちを探しに行きます。

⑤鬼は子どもを見つけるたびに缶にもどり、「○○見っけ！」と言いながら缶をふみます。つかまった子どもは、缶の横で助けを待ちます。
⑥全員見つけられたら鬼の勝ち！ただし、鬼が缶をはなれている間につかまっていない子どもが缶をけったら③に戻ります。

# てじな遊び

## 相手のおどろく顔が見たくて、いっしょうけんめい練習します。

　のびるはずのないものがビヨーンと伸びたり、曲がってはならないものがグニャリと曲がったり、消えては困るものが消えてなくなったり……。そんなありえないできごとが目の前でくり広げられたら、子どもたちは口をぽかんと開けておどろくに決まっています。

　でも、その後のタネあかしでなんだかほっとしてきて、そしてその次には、自分も誰かをおどろかせたくなるものです。てじな遊びは、おどろかす人もおどろく人も、最後は笑い合えるのがすてきなところです。

### まめ ち し き

てじながうまくなるためには練習を積み重ねることが大切ですが、見せ方、演出の工夫も必要です。タネを知っているてじなでも、見せ方がうまいと楽しめます。

## 親指が伸びーる！

両手の親指を重ねて、人差し指を曲げて親指のつめをかくします。下がわの
親指を上げていき、親指が長くなったように見せます。しかけは絵で見る通り。
両方の親指がつながっているように見せるのがコツです。

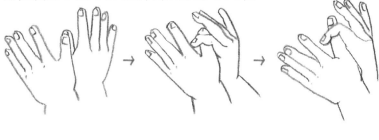

## ペンが曲がるー！

ペンのはしを持ってゆらすだけ。これなら小さな子どもでもできそうです。とはいえ、やみくもにゆらすだけでは曲がったようには見えません。練習しましょう。

# ひょうたんおに

## ひょうたんの中で逃げまわる鬼ごっこです。

ひょうたんと言っても、最近の子どもたちにはなじみがないかもしれません。実物を見たことはないけれど、形だけは知っているという子どもは多いでしょう。ひょうたんおには、円形でも四角形でもなく、真ん中がくびれているこの形だから面白いのです。くびれたところは鬼も通ることができる橋。そこをあえて通る冒険心のある子どももいれば、2つある円形の大きい方を選んでその真ん中でじっと動こうとしない慎重派の子どももいたりと、一人ひとり違った遊び方になるところも楽しいのです。

### まめ ちしき

ここで紹介する遊び方の他にも、鬼とタッチされた子どもが入れかわり、鬼はずっと1人のままというルールもあります。また、くびれ部分の橋以外に、ふたつの円形の真ん中に池をつくり、その中も鬼が入ることのできるエリアにする遊び方もあります。

①地面にひょうたんを描き、くびれ部分に橋を描きます。
②じゃんけんで鬼を決め、鬼はひょうたんの外と橋を通ります。鬼以外はひょうたんの中に入ります。
③鬼は外から手をのばして、中にいる子どもにタッチします。
④鬼にタッチされた子どもはひょうたんの外に出て鬼になり、増えていきます。
⑤ひょうたんの中を上手に逃げまわって、最後まで残った人が勝ち！

#  わなげ

**的に輪を投げ入れるシンプルだけど奥深い遊び。**

　わなげで遊んだことがないという人はめずらしいかもしれません。それくらい今も昔もポピュラーな遊びの1つです。的の形や数、輪の重さや形、なげる場所から的までの距離など、バリエーションによって難しさも変わってきますから、小さな子どもから大人まではば広く楽しめます。

　目の前の的に輪を投げ入れるだけのシンプルな遊びですが、そう簡単には入らない。何回かに一回は入るというくらいがちょうどよい難しさで、集中力も増してきます。

### 🔵まめちしき

子どもの遊びだけでなく、きちんとしたルールを元に行われる、スポーツ競技としてのわなげもあります。国内外で数種類の競技があり、公式な競技大会が開かれる本格的なものもあります。

わなげは家庭にあるもので簡単につくることができます。

「輪」
新聞紙をくるくる巻いて棒状にし、棒のはしとはしをテープでとめて輪のできあがり。

「的1」
椅子をひっくり返して4本ある足を的にしてみましょう。

「的2」
たおれないように水を入れたペットボトルを並べます。中に入れる水を色水にして、赤は10点、青は30点など、色で点数を決めても楽しいです。

# 秋の草花遊び

**実りの秋は自然の恵みを五感で感じられる季節です。**

　秋は、木の実や種が足もとにたくさん落ちてきて、拾い集めるだけでも楽しめます。そして秋の草花は、まさしく秋色をしています。なにも遠くの景勝地まで行かなくても、近くの公園の木の葉も、青々としげっていたものが黄色やオレンジ、赤へと美しく色づいた姿が見られるでしょう。自然の恵みをもっとも感じられる季節ですから、秋の風をほおに感じながら、草花遊びを楽しみましょう。

庭の柿は大小さまざまです。

**まめ ちしき**

遊ぶだけでなく、秋は実ったものを食べてみるのもおすすめです。実りの秋は食欲の秋。五感で秋を感じてみましょう。

## じゅず玉

じゅず玉はかたくて光った草の実です。大きな実はおはじきに使ったり、小さな実はお手玉に入れたり、いろいろな遊び道具に変身します。

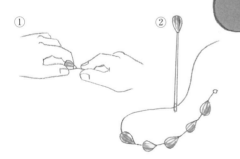

### じゅず玉の腕輪とネックレス

①針などで芯をとります。

②1つぶずつ糸を通したり、テグスを通します。うで輪やネックレスの長さで、はしを結んでできあがり。

# どんぐり

都会でも、形や大きさが異なるどんぐりを身近に見つけることができます。
細い形がコナラ、シイ、丸い形がクヌギ、カシなどで、クリもどんぐりの仲間（なかま）です。
虫が入っていることがあるので、ゆでたり、冷凍してから使うと安心です。

## こま

どんぐりに穴を開けてつまようじをまっすぐにさします。回りにくいときは、ようじを短く切ってみましょう。

## いも虫

どんぐりの帽子（ぼうし）だけを集めて、真ん中に糸を通していきます。はじめと終わりは、糸が抜けないように大きめの玉結びをしましょう。

## やじろべえ

3つのどんぐりに穴を開けて竹ひごをさします。竹ひごの長さ、さす角度、どんぐりの重さでバランスをとります。

## とうもろこしの姉様人形

とうもろこしの皮を乾かして、人形1体に数本分を用意します。
顔や頭に入れる綿またはティッシュペーパー、たこ糸、はさみを用意してつくります。

①皮1枚の中央に綿を丸めて包みこみ、たこ糸でしばって顔をつくります。
②別の皮に切れ目を入れて、中央をたこ糸でしばり、①をはさみます。
③頭の上と両側に綿を入れながら曲げて、たこ糸でしばります。
④頭の後ろを折り曲げてしばり、日本髪を完成させます。

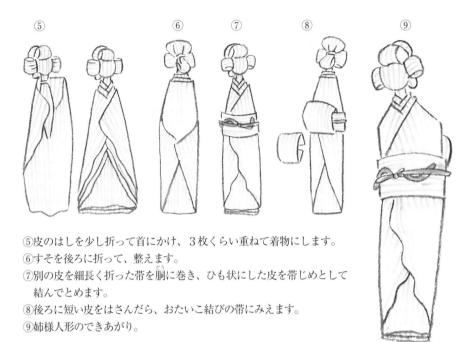

⑤皮のはしを少し折って首にかけ、3枚くらい重ねて着物にします。

⑥すそを後ろに折って、整えます。

⑦別の皮を細長く折った帯を胴に巻き、ひも状にした皮を帯じめとして
　結んでとめます。

⑧後ろに短い皮をはさんだら、おたいこ結びの帯にみえます。

⑨姉様人形のできあがり。

## ひっつきむし

秋の草原を歩くと、洋服やくつ下に草の実が
ついておどろきます。子どもは、どの草から
取れたものなのか探し集めて遊びます。

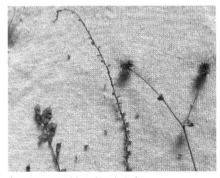

左から、ヌスビトハギのなかま、
ミズヒキのなかま、ダイコンソウのなかま

オナモミのダーツ

# 秋の折り紙

**秋の夜長は折り紙遊びで楽しみましょう。**

　十五夜の満月の中ではねるうさぎ。秋草の中に見えかくれするバッタやきつね。秋の夜長は、親子で折り紙を楽しみましょう。

　バッタやきつねは子どもでも簡単に折れるでしょうから、1人で折るのを見守りましょう。角と角がずれているとか、折り目が曲がっているとか、大人はあれこれ気になりますが、そこは目をつむります。自分で折れたという達成感があれば、ちょっと難しそうな折り紙にも挑戦してみようという気持ちになるでしょう。

### 🄜め ちしき

折り紙にはいろいろな種類があります。和紙のものは風合いがよく、作品に高級感が出ます。「バッタ」や「ふうせんうさぎ」などは両面に色のついたもので折ると色味も楽しめます。

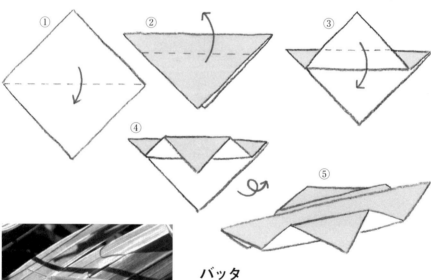

オンプバッタ

## バッタ

①半分に折ります。
②上の1枚を1/4くらいのところで折り上げます。
③さらに角を下へ折り返します。
④裏返して同じように折ります。
⑤「バッタ」のできあがり。

## きつね

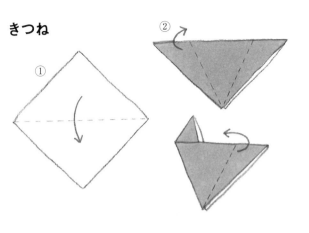

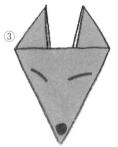

①半分に折ります。
②点線の位置でおります。
③目鼻を描いたら「きつね」
　のできあがり。

## ふうせんうさぎ

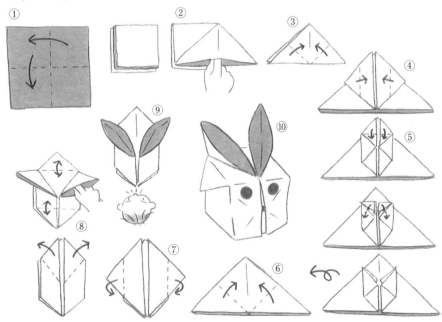

①半分に2回折ります。
②1枚目に指を入れて袋を開き、つぶします。
　裏返して同じように折ります。
③点線で折ります。
④さらに点線で折ります。
⑤三角の袋の中に小さく折りこんでいきます。

⑥裏返して、点線で折ります。
⑦さらに点線で裏側に折ります。
⑧点線を折り、袋を開いて耳にします。
⑨中に空気を吹き込みます。
⑩目を描いたら、「ふうせんうさぎ」のでき
　あがり。

107

# 秋の自然の恵みを遊ぶ

文／善本眞弓

## 子どもがつくり出す素朴な遊びを大切に！

　秋には木々の葉が色づき、美しい色や形の落ち葉や、どんぐりやまつぼっくり、数珠玉、からすうり、むかご、栗など、子どもの遊び心をくすぐる自然からの贈り物がたくさんあります。私も幼いころ、どんぐりでやじろべぇやコマ、まつぼっくり人形、数珠玉の首かざりなど、色々なものをつくって遊びました。祖母に、数珠玉のお手玉や乾燥したトウモロコシの皮とヒゲで姉様人形をつくってもらったなつかしい思い出もあります。

　かつて勤めていた幼稚園では毎年のように、色づいたイチョウの葉をたばにしたブーケづくりがはやり、色とりどりの葉を並べてお店屋さんごっこが始まり、砂場では落ち葉や木の実をかざった彩り豊かなどんぐりケーキが並びました。大きな落ち葉でお面をつくり、落ち葉と木の実をはりつけた服や帽子を身につけてファッションショーをしたり、落ち葉プールをつくって思い切り遊び、焼き芋パーティもしました。

　時が流れ、現在は保育者を目指す学生とかかわりながら、子どもの遊び環境に注目しています。自然の恵みが手に入りにくくなった都会でも、公園では紅葉した桜の葉のお皿にどんぐりのごちそうをのせ、枯れ枝をお箸に見立てておままごとをしている子どもの姿を見かけます。保育の場では、秋の自然物を取り入れた遊びや、工夫を凝らした造形活動が展開されていますが、子どもが自由に秋の恵みにふれ、自然発生的につくり出す素朴な遊びも大切にしていただきたいと思います。

# 伝承遊びを生きる

文／村中李衣

## 現代にあって子どもと伝承遊びの関係とは

　バーチャルな世界に熱中する現代の子どもたちにとって、伝承遊びは、エネルギーを費やす効率の悪い営(いとな)みです。簡単な例を挙げて考えてみましょう。「松葉相撲(す)をしようや」ということになったとしましょう。まずは誰(だれ)と誰が対戦するか、適当な相手を探さなければいけません。それから公園や雑木林(ぞうきばやし)に出て、丈夫(じょうぶ)そうな松葉を拾(ひろ)わなくてはなりません。必死に探しても思うような葉っぱが見つからないときもあります。みつけた松葉は、どんな具合に引っ張ればいいか、その形状をよく観察して対戦前に力加減を調整しなければなりません。対戦相手との心のかけひきも必要。いざ勝負という前になって、ちょっとしたことで、松葉がほろろと壊(こわ)れてしまうこともあります。その場合はまた探すところからやり直しです。なんと手間暇(てまひま)のかかることでしょう。でも、この効率の悪さと、要求される集中力や身体能力、バランス感覚といった生きていくためのエネルギーを、子どもの内側から知らず知らずの内に引き出してしまうことが、伝承遊びの力でもあります。省エネと効率の良さが最優先される大人社会に入っていく前に、まるごとの「自分」を計算の外にさらけ出すことで、ちょっとやそっとでは自分をあきらめない自信と強さを手に入れることができるのです。

　また、自然界にあるものを相手に遊ぶという事は、「規格外」と「偶然(ぐうぜん)」に「一回性」をもって柔軟(じゅうなん)につきあう術(すべ)を身につけることでもあります。ドングリにしても、フキの葉っぱにしても、1つとして同じ大きさ、同じ形のものはありません。対象物との関係調整を緩(ゆる)やかに大らかにこなしていく過程の中で、自然界のルールや人間とは異なる生き物への愛情が育っていきます。脳科学の分野では、コン

ピューターゲームなどに長時間没頭し過ぎると思考や創造性をつかさどる前頭前野のβ波が消失することが心配される一方、伝承遊びは逆に前頭前野の発達をうながすという研究成果も報告されています。

　関係調整能力でいえば、遊びの対象物に対してだけでなく、遊び相手や周辺にいる仲間たちとの予測不可能なコミュニケーションも生まれます。伝承遊びは、コンピューターゲームのように、スイッチを入れればいつでも同じシチュエーション（状態）に立てるわけではありません。伝承遊びの〈ゲームオーバー〉の瞬間は器械からの強制的メッセージではなく「そろそろやめようか？」「うんそうしよう」「いや、もうちょっとだけ」というように、自分たちの心の内側の満たされ具合を自分たちではかって、見極めなくてはなりません。いつも遊んでいる自分たちが、取り決めの真ん中にいるのです。

　近ごろでは、公民館の行事や、学校での郷土学習の一環として、地域のお年寄りを講師にみんなで伝承遊びを学び楽しむ機会も増えています。こうした試みの背景には、核家族化の影響で世代間交流や地域コミュニティの結束が希薄になってきていることへの危機感がありそうです。大人側は「古い昔の遊び」と思っているものが、子どもたちにとっては純粋に「初めて知った新しい遊び」となって受けつがれていきます。

　企業が発案する玩具は時代を読むことが最優先されるがゆえに、時流を越えれば古きものとなっていきます。けれど、伝承遊びは古いものが「伝承」という文化の橋を渡るたびに新しくなる。お父さんにつくってもらった草鉄砲は「すごーい。カッコいい」し、おかあさんに教わったあやとりは「こんなのはじめて！」なのですから。

「かるた」で家族コミュニケーション

110

## 伝承遊びのどんな要素が今の子どもたちにとって必要なのか？

　たとえば鬼ごっこを例にとって考えると、逃げきれず、自分だけが鬼に捕まる体験は、幼い子どもにとって、ようやくできかけた「社会集団」からの引きはがしであり、はぐれの感覚、喪失と孤独を擬似的に体験することに繋がります。また、追い立てられる中でキャアキャア声をあげながらグルグル逃げ回ることの中には、自分であることを忘れてしまうような陶酔感も潜んでいます。根底に「再構築できる」という安心のルールがある中で、一時の怖れを味わう……これを私は「守られた世界の外に立つ経験」だと考えます。「囲われた世界の内側」にうずくまる日常から解き放たれるチャンスなのです。

　また、伝承遊びには、ゲームやスポーツとは異なる流動的・変則的なルールの了解と同調が子どもたちに要求されます。礼儀正しさや正義とは位相を異にする他者との交渉が不可欠です。ごっこあそびにしても、最初から最後までストーリーが決まっているわけではありません。そのものがたりを実際に生きてみる中で、新たな道が浮かび上がってくるのです。そして、新たなものがたりを他者と共に紡ぎ切った喜びは、まだ見えない混沌とした世界に分け入る勇気を与えてくれます。

　もう一点、ことばの持つ力にじかに触れることができるのも伝承遊びの大切な要素でしょう。伝承遊びには、実にさまざまな唱え言葉やまじない言葉が付与されます。たとえば、言葉の意味がわからずとも、大きな声を張りあげながら「勝ってうれしいはないちもんめ」「負けてくやしい花いちもんめ」「あの子がほしい」「あの子じゃわからん」…と応酬するときの得体の知れないはぐれの恐怖と高揚感。そして、幼い自分たちに世界の深淵は明かされていないことをぼんやりとではありますが、言葉の隙間に感じることができます。わかりやすく親切な言葉の連なりに慣れ切った耳に、伝承の言葉は揺さぶりをかけてきます。わからなさを排除せず聴くことと感じることの通路を拓いてくれることも大切な要素です。

## 伝承遊びの届け方

　伝承遊びは、誰かの手や目やことばを通して覚えていくものです。かつてはその「だれか」を地域のみんなが担っていました。けれど、その「だれか」を身近に探すことすら困難になっています。ですから、大人（親や保育者、教育者）が研修会や講座を受けてその意義を学び、信念のもとに「だれか」を引き受けるしかないのが現実です。けれどこの地道な伝えあいの営みを繰り返すことで、いつのまにか遊びを覚えた子どもたちがやがて来る新しい時代に伝承者になってくれる可能性があります。望ましきは、継承の使命感を持って伝承遊びを学んだ大人たちが、遊びの向こう側にある風景や匂い、隣り合う人の息づかいを身体感覚でもって内に留め、遊びの内容だけでなくその感覚をも、子どもたちに伝える場で再現していくことではないでしょうか。

　どこで伝えるのか、体育館の中なのか、原っぱなのか、電車の音が外で聞こえているのか、川の匂いが流れてくる場所なのか……そのとき、子どもたちはどんな気持ちでいるのか、素足なのか運動シューズをはいているのか、もうすぐごはんなのか、じき空に星がまたたき始めるのか……どれがベストの状況であるということでなく、そうした遊びを包む世界全体を見逃さずにいることが大事なのです。

　伝えていく遊びの変形を恐れないでください。書き残す言葉は、生身の人間が関わるまで動き出さず、それゆえにこわばっています。でも、人が今生きている場所でそれを覚え実践する中で、書き記された遊びは溶け出し、そのかたちを自在に変えていくことでしょう。もともと子どもはアレンジの天才です。形式を保つことにこだわらず、変形する源には子どもたちの生きるエネルギーが横たわっていることを忘れずにいたいものです。

第 2 章

# 伝承遊びの展開

同世代・異世代で遊ぶ

多世代で遊ぶ

幼児や小学生が数名集まると、場所、人数、顔ぶれによって
何をして遊ぶのかをその場で決めて、遊び始めます。
こうした同世代・異世代の子どもたちが遊ぶ風景を保育所や
幼稚園、学校の外で見かけることはほとんどなくなりました。
昔、時間を忘れて仲間と遊んだ大人は、遊びの楽しさや遊びから
学んだことを、今の子どもたちにも経験させたいと願い、
遊びを知らずにきた大人は、遊びを覚えて一緒に遊びたいと
思うことでしょう。
また、少子高齢社会の今、お年寄りの遊びの経験や技術を
伝えておかなければ日本の遊びがなくなってしまいそうです。
では、何をすればよいでしょうか。
まずは、遊べる場所や遊びのきっかけを身近につくることから
始めてみませんか。

東京おもちゃ美術館おもちゃ学芸員（ボランティア）が
「こま」の回し方を伝授

# 同世代・異世代で遊ぶ

幼児から小学生くらいの子どもが
2人から20名くらいまで集まって楽しむ遊びを紹介します。
場所、人数、顔ぶれによって選んで遊びましょう。

「かごめかごめ」
異年齢の子どもたちがいっしょに遊びます

# かごめかごめ

**輪になっていっしょに歌う声でわかる友だち。**

　目かくしして耳をすませ、歌いながら回っている友だちの声を聞き分けます。歌が終わったとき、「前にいるのは○○ちゃんだな」「横にいるのは●●くんだな」「後ろにいるのは……」と絞りこんでいくのです。「ほら当たった！」友だちの声や気配をかぎ分けられる子がチャンピオンになれる遊びです。

♪かごめかごめ　かごのなかのとりは
　いついつでやる　よあけのばんに
　つるとかめがすべった　うしろのしょうめんだあれ

うしろのしょうめん
だあれ

①鬼は手で目かくしをして座り、鬼以外の子どもは手をつないで鬼のまわりを歌いながら
　回ります。
②「うしろのしょうめん だあれ」で止まり、鬼は自分の後ろにいる子を当てます。
③当たったら鬼を交代し、違ったらまた①から始めます。

# グリコのおまけ

## ただのじゃんけんも、みんなといっしょだと楽しいのです。

　ひと昔前は、まっすぐな道や長い階段でグリコのおまけ（またはグリコ）をする子どもたちを見かけたものでした。じゃんけんも階段の上り下りも、なんてことない遊びなのに、みんなといっしょだとなぜかとても楽しい遊びになるのです。現代では車の往来が少ないところで遊ばないと危険です。

①道や階段でスタートとゴールを決め、スタート地点に並びます。
②みんなでじゃんけんをして、勝った人が、決まった歩数分前進します。グーで勝ったら「グリコ」と言いながら3歩、チョキは「チヨコレイト」で6歩、パーは「パイナツプル」で6歩進みます。これを続けます。
③一番先にゴールに到着した人が勝ちです。

※グーは「グリコのおまけ」で7歩進める、「グリコのおまけつき」で9歩進めるという遊び方もあります。また、ぴったりの歩数でゴールできない場合は、折り返すというルールをつけることもあります。

# じゃんけん列車

**みんなに一体感が生まれる遊びです。**

　幼稚園や保育園、小学校などで、大人数での遊び始めとして行うことが多い遊びです。負けたときはちょっと悔（くや）しくなりますが、自分の列車の先頭が勝つと列のみんなが大喜び。いつのまにか、そこに一体感が生まれているのです。

### まめちしき
「ガタンゴトンガタンゴトン」とか「シュッシュッポッポッ、ポッポー」と声に出しながら歩くと、ぐんと列車の雰囲気（ふんいき）が楽しめます。

じゃんけんぽん

①まずは2人組をつくります。
②2人でじゃんけんをして、負けた人が勝った人の後ろについて短い列車をつくります。
③前の人は別の列車の先頭とじゃんけんをし、負けた方の列車が勝った方の列車の後ろにつきます。
④最後は1本の列車になり、その先頭になった人が勝ちです。

※1本の列車になった後は、そのまま手をつなぎ、輪になって次の遊びに展開しても楽しいです。

# すもう

## 力じまんのぶつかりっこ。

　すもうは日本の国技です。大きな体の力士が思いっきりぶつかり合う姿にあこがれて、あちこちで子どもすもうがくり広げられていたのも今は昔。本気でぶつかり合える友だちがいるということはとても幸せなことです。信じ合えるからこそ、すもうが取れるのです。

### まめちしき

毎年4月から「わんぱく相撲大会」が全国各地200カ所以上で開催されていて、小学校4〜6年生男子に限りますが勝ち上がれば両国国技館で開催される全国大会に出場し全国優勝を目指すこともできます。

①円を描いたり、綱を置いたりして、土俵をつくります。
②行司が合図をしたら、土俵の中の力士2人が、組み合ったり、押し合ったり、投げたりします。
③相手を土俵の外に出したり、たおした方が勝ちです。

※2人組に分かれて対戦したり、トーナメント制で勝者を決めたりします。

# 座りずもう

## 力だけでなくバランスも大切。

　ただ力いっぱい押せばよいというわけではありません。座った姿勢をくずさないようにするのは、意外と大変なのです。押したタイミングで相手にかわされてしまったら、自分の方がたおれてしまいますから、バランスとタイミングが大切です。

### まめちしき

正座だけでなく、いくつかの体勢で行われています。
「しゃがんで」足の裏を床につけてしゃがみ、手で押し合います。
「足を上げて」足を前に出して座り、両足を上げて足の裏同士を合わせて押し合います。足が床についたり、体がたおれたら負けです。さらに、手は床に着かない、手を組んで行うなどルールを難しくして楽しむこともできます。

①正座をして向き合います。
②手の平でお互いに押し合います。
③床に手をついたり、たおれたり、座り姿勢がくずれた方が負けです。

# 腕<sub>うで</sub>ずもう

**だれが一番力持ちかを決めます。**

「ぼくは力持ちなんだぜ」「おれの方が強いよ」こうなったら、もう腕ずもうで勝負してみるしかありません。だれが一番なのか、腕ずもうで決めるのです。勝っても負けてもうらみっこなし。父が息子<sub>むすこ</sub>に腕ずもうで負ける日というのも、一家の世代交代を思わせる特別な日です。

### まめちしき

腕ずもうと似ている「アームレスリング」というスポーツ競技があります。ルールが異なり、腕ずもうで強い人がアームレスリングでは負けてしまうということもあるそうです。

①机の上または床<sub>ゆか</sub>で行います。
②対面する2人が手をしっかりと組み合い、床にひじをつけたまま、手のひらの方向に力いっぱいたおします。
③相手の手の甲<sub>こう</sub>が床に着くまでたおした方が勝ちです。

121

# 尻ずもう

**なかよしだからこそ、お尻ですもうがとれるのです。**

お尻とお尻を合わせて「おしりあい」。尻ずもうをしたら、2人はもう友だち。いろいろな遊びずもうがありますが、心を許しあえる友だちだからこそ楽しめるのです。子どもは、おたがいの力加減や間の取り方など、すもうを通して相手を感じ取ります。

### まめちしき

「どんけつ」「しりけん」などとも呼ばれ、お座敷遊びの1つでもあります。背中合わせで、お尻の高さや角度を変えながら、ドンと押したり、引いてかわしたりしている姿はユーモラスで周囲を楽しませます。もちろん、土俵の中の2人は真剣勝負。力強さは大切ですが、力まかせに相手を飛ばしてケガさせないように注意しましょう。

①まずは、土俵を描きます。
②土俵の中で、2人が背中合わせに立ちます。
③お尻で相手を押します。足が出たり、手がついたり、たおれたりしたら負けです。

※一歩足が動いてしまっただけで負けというような厳しいルールもあります。

# 足開きじゃんけん

**柔軟性がものをいうじゃんけん遊び。**

「じゃんけん開脚」「足幅じゃんけん」「また裂きじゃんけん」などとも呼ばれます。負けている子どもは、「またが裂ける～」とさけびながらも笑っていたりします。たまに180度開脚ができるくらい柔軟な子どももいたりして、これにはだれも歯が立ちません。

## まめちしき

2人が向き合って立ち、じゃんけんして負けた方が自分で足を開いていく遊び方もあります。
たおれたり、手をついたら負けですが、自分で開き具合を調整するのでなかなか勝負がつきません。
そこで、ちょっと相手を押すまねなどしてちょっかいを出すのが遊びのおもしろさです。

①おたがいの片足を引っかけて立ちます。
②じゃんけんして勝った方が相手の足を自分の方に引っ張って開かせます。相手をたおした方が勝ちです。

# はやしうた

**なんでも歌にして楽しむ子どもたち。**

昔から子どもたちが楽しんで歌ってきた「はやしうた」は、少しからかいながらも、相手への親しみをこめて投げていた言葉です。現代は、いじめだからやめましょうと言われてしまいそうですが、なんでも歌にして楽しむのは子どもの遊び心なのです。

## まめちしき

はやしうたは、もともと大人が子どもの躾のために歌ったともいわれています。礼儀正しく、きちんと生活してほしい、歌われることではずかしい思いをし、歌われないようにがんばる強さを持ってほしい、というような願いがこめられています。

### ♪今泣いたカラスがもう笑った

子どもはおどろいたり、転んだり、いやなことがあったりしたら泣き、泣いたことで気持ちがすっきりして、次の遊びに移っていけたりします。この歌が、気持ちの切りかえを応援するように歌われるといいですね。

今泣いた カラスが もう 笑った！

124

## ♪お弁当つけてどこいくの

日本の食事は、マナーを大切にしています。茶わんを片手に持って、はしでつまんで口に運んで……が少しめんどうになって、かきこむように食べてしまうと口の周りに食べ物のかけらがついてしまうことがあります。「ついているよ」と注意する代わりに、この歌で知らせるのはいかがでしょう。

## ♪泣き虫毛虫はさんですてろ

自分の弱さはたなに上げて、他の子をはやしたてます。泣く子に厳しいのは、自分への反省も少し入っているのです。

# にらめっこしましょ

## じっとこらえているだけではおもしろくない! 目や口を動かして。

　相手を笑わせるように表情を変えたいけれど、どう動かせばよいのかわからないし、プライドもじゃまします。では、遊ぶ前に、目を見開いたり、細めたり、口をとがらせて、そのまま右へ左へ動かしたり、ほほをふくらませたり……と、顔の体操をしましょうか。

### まめちしき

にらめっこを始める前に歌うわらべうたがあります。「♪だるまさん だるまさん にらめっこしましょ 笑うと負けよ あっぷっぷ」と歌い終わるまでに、どんな顔をするか考えて「あっぷっぷ」で勝負開始。また、泣いている赤ちゃんに歌いかけて百面相すると泣き止んで、ふしぎそうに見つめたり、笑ったりします。

①「にらめっこしましょ あっぷっぷ」ととなえたら、顔を見合わせて勝負開始です。表情を変えたりして、相手を笑わせます。
②先に笑ったり、歯を見せたら負け。

※手を使ってよいとか、目をそらせてはいけないとか、細かいルールを決めることもあります。

# あっちむいてホイ

**動揺して相手の指につられてしまわないように。**

　上か下か右か左か、勝負はこの4つのいずれかです。じゃんけんに負けた方はドキドキのあまり、顔の向きを変えるのが出遅れて、思わず相手の指の方向につられてしまうものです。勝っても負けても動揺しないことが大切です。

### まめ ち し き

英語で言うと、じゃんけんのかけ声は、Rook,paper,scissors とか Stone,paper,scissors（石、紙、はさみ）。あっちむけホイは、あっち見て！という感じで、Look over there！ とか Look this way! とか Look! とか。でも、日本語がわからない他国の方でも簡単なかけ声、ルールなので、日本語のままで遊べます。

① 2人対面し、じゃんけんします。勝った方が「あっちむけホイ！」と言って、指で上下左右のいずれかの方向を指します。
② 負けた方も「ホイ！」と同時に顔の向きを変え、出された指と同じ方向に向いたら負けです。負けになるまで「あいこでしょ！　あっちむけホイ！」と勝負をくり返します。

※先に何回勝ったら上がりにするかなど、決めておくとよいでしょう。

# かげ絵

## 光と影をあやつりながら形をつくって楽しみます。

　手と光さえあれば、室内でも屋外でも楽しめる遊びです。小さな子どもでも簡単にできますが、やればやるほど奥深くもあります。影で形をつくるだけでなく、それがまるで生きているかのように動きをつけてみると、見ている人から歓声があがります。

**ペンギン**
本物のペンギンは、頭を前後左右上下に動かしますが、できるかな？

**鳥**
両手を優雅に動かして、鳥を飛ばすのは少し高度な技です。

**犬**
小指を動かしながらワンワン！とほえたり、おしゃべりしましょう。

**うさぎ**
影を見ながら、うさぎの耳を動かしてみましょう。

室内では、暗くした部屋で、手などで何かの形をつくり、そこに光を当てます。障子や壁に映るその影（シルエット）を見て楽しみます。

※野外では、夜は月明かりや電灯が、昼間は太陽が影を映します。

# 指ずもう

**親指の勝負ですが、2人の心のかけ引きがおもしろい。**

　初めはひまつぶしから始まった指ずもうが、いつの間にか本気モードになり、本当のすもうさながらに力み合う様子もしばしば見られます。指ずもうは、組み合う2人のかけ引きです。いつ勝負をかけるかの、にらみ合いでもあるのです。

### まめちしき

指ずもうに勝つコツは何でしょう。腕（うで）ずもうのように押（お）さえつける指の力は必要ですが、力じまんの人が勝つとは限りません。指を素早く動かすこと、上から押さえつけようとするのではなく横からねらうこと、相手の親指の先でなく根元（も）をねらうこと、またはフェイントをかけて誘うことでしょうか。研究してみましょう。

①親指を立て、残りの4本の指で組み合います。
②親指を動かし、相手の親指を押さえこんでから10数えたら勝ちです。

※押さえられた場合、10数えられる前に引き抜くことができたら戦いは続きます。

# 手合わせうた

## 手を合わせると、心の距離(きょり)が近づきます。

いっしょに遊ぶ2人が、手と歌とリ
ズム、そして呼吸を合わせて楽しむ遊
びです。それだけに1人だけが上手で
も遊びは成立しないのです。2人の心
が合わさって初めて、楽しさがわか
る、心の距離(きょり)をぐんと縮める遊びでも
あるのです。

①

げんこつ山のたぬきさん

### げんこつ山のたぬきさん

①両手をグーにして縦に合わせ、上と下をリ
　ズミカルに交代させます。
②赤ちゃんがおっぱいを飲むまね、両手を合
　わせてねるまねをします。
③赤ちゃんをだっこするまね、おんぶするま
　ねをします。
④両手をグーにしてクルクルと回してから、
　じゃんけん。

②

おっぱいのんで　　ねんねして

③

だっこして　　おんぶして

④

またあし

た！
（じゃんけん）

「♪おっぱい飲んで……」の動作
は、人によって異なるようです。
赤ちゃんと遊ぶときには、動作
をゆっくりと。
大きな子どもとはスピードをは
やめて行うとおもしろいです。

# おちゃらかほい（簡単バージョン）

セッセッセーの　　　　　　　ヨイヨイヨイ

向かい合って手をつなぎ、
リズミカルにふります。
「ヨイヨイヨイ」では両手
をつないだまま交差させて
ふってもよいです。

おちゃらか　おちゃらか　おちゃらか　　　　　　　　　　ほい！

②
③

「おちゃ」で拍手1回。「らか」でおたがいに両手を合わせ
ます。これを3回くり返します。
※ふつうはP132②のように手を打つことが多いでしょう。

「ほい」でじゃんけんを
します。

おちゃらか　　　　　　　　　　　かったよ　　　　　　あいこで

まけたよ

④
⑤

ふたたびおちゃらかを1回
します。

じゃんけんで勝った人はバン
ザイ、負けた人は両手を下げ
ます。

※あいこのときは2人と
　も腰に手を当てます。

じゃんけんの勝ち負けは気になりますが、それ以上に一連の動作をテンポよく続けられるか
どうかで一喜一憂する遊びです。じょじょにスピードをあげながらくり返していきます。

## お寺の和尚さん

①
向かい合っておたがいの両手をつなぎ、「セッセッセ〜の」で手をふります。
「ヨイヨイヨイ」で両手をつないだまま交差させて縦にふります。

②
おたがいに左の手のひら
を上に向けて、右手で自
分の左手、相手の左手を
交互に打ちます。

③
自分の手のひらを合わせて、ふくらませていき、
最後は花が咲いたように開きます。

④
最後にじゃんけんをします。

自分と相手の手のひらを交互にリズミカルに打てる
ようになるには、少々練習が必要です。

# 茶つみ

♪夏も近づく八十八夜
　野にも山にも若葉がしげる
　あれに見えるは茶摘みじゃないか
　あかねだすきに菅の笠

♪日和つづきの今日このごろを
　心のどかに摘みつつ歌ふ
　摘めよ　摘め摘め　摘まねばならぬ
　摘まにゃ日本の茶にならぬ

①
両手をつないで手をふります。

せっせっせーの

②
手を交差させてふります。

よいよいよい

③
拍手、右手、拍手、左手と交互に打っていきます。

| （ん） | | | |
|---|---|---|---|
| ちー | なか | つづ | もく |
| はー | ち | じゅ | うー |
| は | ち | や | |

④
歌詞の合間に、
両手で2回打ち
ます。

（トントン）

⑤
③④をくり返します。

※手を裏返して打ったり、ひじをつかんだり、高く手をあげて打ったりとバージョンアップは
　いろいろあります。遊んだことのある人を探して、打ち方をたずねてみましょう。

# ずいずいずっころばし

**最後まで歌えてしまうふしぎな歌。**

　古めかしい言葉が並ぶ歌詞なのに、「ずいずいずっころばし……」と始まれば、最後まで歌えてしまうのはふしぎです。そのものを楽しむこともあれば、何かの遊びの鬼決めに使われることもありました。

### まめちしき

「ずいずいずっころばし」は江戸時代の「お茶壺道中」にまつわる歌といわれています。京都の宇治の名産品であるお茶を徳川将軍家に献上するために茶壺を運ぶ行列「お茶壺道中」が行われました。大名行列が通るときと同じように、沿道では粗相がないように「茶壺が来たら戸をピシャンと閉めて外に出てはいけない」との注意をうながす意味も含まれているそうです。

♪ずいずいずっころばし
　ごまみそずい
　茶壺におわれて
　とっぴんしゃん
　ぬけたら　どんどこしょ
　俵のねずみが
　米食ってちゅう
　ちゅうちゅうちゅう
　おっとさんがよんでも
　おっかさんがよんでも
　いきっこなしよ
　井戸のまわりで
　お茶碗欠いたのだぁれ

①鬼を1人決めます。
②輪になって座り、両手を出して、指が1本入るくらいに手を軽くにぎります。
③鬼は片手だけを出し、もう片方の手の人差し指で、歌に合わせて、時計まわりにみんなの手の中に指を入れていきます。
④歌が終わったときに、鬼の指が入っていた人が次の鬼。これをくり返して遊びます。

# ハンカチおとし

**ポケットのハンカチですぐ遊べます。**

　いつもポケットにはハンカチとちり紙。くしゃくしゃになったハンカチを取り出して、みんなで輪になって始めるハンカチおとしをなつかしく思い出す大人も多いことでしょう。2〜3人ではちょっとできないけれど、人数が集まれば大人だって楽しめます。

### まめちしき

鬼がハンカチを落として一周まわっても気づかなかった落とされた子にタッチしたら、その子は円の中央（便所と呼ぶことが多い）に座らされます。同様の子が出るまでもどれないとか、鬼が3回かわるまでもどれないというようなルールもあります。

① 鬼を決め、鬼以外の子どもは円になり、目をつぶって座ります。
② 鬼がハンカチを持ち、円の外をまわりながら、座っている誰かの後ろにハンカチを落とします。
③ ハンカチを落とされた子は気づいたら、ハンカチを拾って鬼を捕まえに走ります。すぐにタッチできれば鬼の交代はなし、タッチできなければ、次の鬼になって②から始めます。

※目を開けたままでも遊びますが、鬼が通るときに後ろを見ていてはいけません。

# いすとりゲーム

**遠慮は禁物。弱腰では負けてしまいます。**

　これほどドキドキしながら音楽を聞く機会もないでしょう。音楽のちょっとした間を止まったのだと早とちりして、フライングして座ってしまった経験はだれにでもあるのではないでしょうか。勝ちたかったら遠慮は禁物。強気なお尻さばきで座りましょう。

### まめ ちしき

いすとりゲームでは、音楽を流し適当なタイミングで止める役が必要です。大人が担当することが多いですが、座れなかった子が順にその役をするのはいかがでしょう。負けても音楽をストップさせるお楽しみがつきます。

①人数より1脚少ないいすを外側に向けて円形に置きます。
②いすの周りを音楽に合わせて回り、音楽が止まったら、目の前のいすに座ります。
③座れなかった1人は遊びの輪から抜けます。そのときいすも1脚減らして、同じように遊び
　続けていきます。
④最後に残った人が勝ちです。
※初めて遊ぶときなどは、人数といすの数を合わせたまま遊びます。「音楽が止まったら、すぐ座る」、
　「空いているいすを探して座る」ということが理解できたらいすを減らしていきます。

# へびおに

**小さな部屋でひしめき合って遊ぶのも楽しい。**

　雨が続く季節などは、子どもたちは部屋の中でも運動したい、エネルギーを発散させたいもの。そのようなときにおすすめの遊びの1つが「へびおに」です。床（ゆか）に描いたへび道をたどって走るので、バラバラに走りまわる遊びよりも友だちとぶつかってケガする危険は低いでしょう。小さな部屋で、へび道をめいっぱいクネクネさせ、みんなとひしめき合うのも楽しいものです。

## まめちしき

へび道は走って通ってもいいのですが、必ず、道を踏んで進みます。外してしまったら、ちょっともどってやり直しという厳しいルールをつけることもあります。

①床にビニールテープやひもなどでクネクネしたへび道を描きます。
②2組に分かれ、両はしの陣地（じん）に並びます。
③各陣地から同時に出発し、へび道をたどって、出会ったところでじゃんけんします。
④勝った人はそのまま前進、負けた人は外れて陣地にもどります。負けた側は次の人が陣地をスタートして、へび道をたどり、出会ったところでじゃんけんします。これをくり返します。
⑤相手の陣地に先に着いた組が勝ちです。

# 人形遊び

**時代を映し出すあこがれの人形たち。**

　小さな子は、お母さんのまねをして人形を赤ちゃんに見立て、いろいろと世話します。もう少し大きくなると、人形に自分を投影させ、あこがれのファッションや髪型を人形で表わそうとします。

　時代の流れとともに人形も変化しています。最近は人気のアニメキャラクターや戦隊ものなど、テレビや漫画から派生した人形が増えています。いつの時代も、子どもたちのあこがれや願望を一身に受ける人形たちです。

## まめちしき

人形は子どもと密着する度合が高いので、素材や形状の安全性に留意してつくられなければなりません。特に、なんでも口に入れてしまう赤ちゃん向けの人形では、目をボタンなどの外れやすいものでなく、ししゅうや描いて平らなものにします。赤ちゃんがかじったり、引っ張っぱったりしても取れないように。

玩具業界では赤ちゃん向けの人形だけでなく、市販のおもちゃの安全性を高めるために、一般社団法人 日本玩具協会が、1971年に、玩具安全基準を定め、玩具安全マーク（ＳＴマーク）制度を創設しました。第三者検査機関によるＳＴ基準適合検査に合格したおもちゃにつけることができるマークで、「安全面について注意深くつくられたおもちゃ」と推奨するものです。

# ごっこ遊び

**何にでもなれるし、どこへでも行ける楽しいひととき。**

　ごっこ遊びと言えば、ままごとはその代表格と言えるでしょう。家具や調理器具などがあれば、場面がより具体的になりますが、道具などなくても大丈夫。「ここは台所、ここはリビングね！」と言葉にするだけで、子どもたちにはその場所が台所やリビングに見えてくるのです。この子どもならではの想像力こそ、ままごとが無限に広がっていく源です。そして、ままごとでは、自分ではない別の役になっているはずですが、本当の自分がそのまま出てくるのも、ままごとのおもしろいところです。

### まめちしき

昔の子どもたちのままごとでは、本当の自分よりも年上の役をやりたがりました。少し背伸びして、あこがれの年上役を思い思いに演じました。しかし、最近では、赤ちゃんやペットの犬などになりたがる子が少なくないそうです。幼い子どもたちにとって、年上の子どもも大人もあこがれの存在でないのでしょうか。

# 男の子もおままごと

文／山口裕美子

## 想像と創造を楽しみ
## コミュニケーションを豊かにするおままごと

　一昔前、おままごとは女の子の遊びで、男の子は新聞を読むお父さん役でかろうじて参加というような住み分けがありました。

　今は、男の子がおままごとで料理する姿が当たり前に見られます。そうした変化は、1990年代に一世風靡した料理対決のテレビ番組の影響では？　という説もあります。「料理＝かっこいい男の仕事」というイメージが世間に広がり、親や祖父母が男の子にキッチンセットをプレゼントするのも違和感がなくなったのでしょう。また、家事も育児も男女で協力することが推奨されている世の中の当然の姿とも言えます。

　おままごとには大きく3つの良さがあります。一つ目は、じょうずへたや勝ち負けなどがないので小さい子でも充分楽しめること。二つ目は、「どうぞ」「ありがとう」などの会話が交わされるコミュニケーション豊かな遊びであること。三つ目は、見立てさえできれば自然物や身近なものを利用していくらでも遊べ、想像の世界で誰とでも楽しめること。

　一生懸命つくった料理をだれかに「どうぞ」と出して、「まぁ、おいしそう！　ありがとう！　もぐもぐ……」などと喜んでもらえた体験は、自己肯定感を育てるでしょうし、親と楽しくおままごとをした思い出は「愛された記憶」として一生その子を支えることでしょう。

　いつの時代もおままごとは社会生活を反映しています。1人で食事する孤食や料理せず買って食べる家庭が増えていますが、時々でも、誰かといっしょに食べること、つくることの楽しみと喜びが生活のなかにあってほしいです。そして、世の中がどんなに進歩しても、このやさしい遊び＝おままごとが子どもたちと共にありますように！

# なべなべそこぬけ

## 2人の息が合ってくると、どんどん楽しくなります。

　見ているときには簡単そうな遊びですが、初めはうまくひっくり返ることができなくて泣きべそかいたりします。でも、急にタイミングが合って回れるようになると、なかよしの2人が手をにぎり合ったまま、向き合って笑い、背中合わせになって笑います。2人の息が合ってきて、だんだんとスピードアップし、リズムよく回れるようになると、どんどん楽しくなってくるのです。

### まめちしき

大人数でも遊べます。手をつないで輪になり、手をふりながら歌います。
「かえりましょ」で、トンネル役の2人が手を持ち上げて、みなが手をつないだまま通りぬけると、体の向きが変わります。外向きのまま、歌いながら手をふり、手を持ち上げた所から通りぬけてもどります。

①
♪なべなべ
そこぬけ
そこがぬけたら
かえりましょ

♪なべなべ
そこぬけ
そこがぬけたら
かえりましょ

②

③

①おたがいの両手をつないで、歌に合わせて手をふります。
②つないだまま同じ方向に片手を上げ、顔を出しながら背中合わせになります。
③背中合わせのまま、歌いながら左右に手をふり、同じ方向に片手を上げて体の向きをもどします。
※肩の関節が外れやすい子どもは無理な姿勢にならないようにしましょう。

# 花いちもんめ

**幼い子もいっしょに遊んで覚えます。**

　手をつないで歩くことができれば幼い子も参加できます。年上の子どもの歌を聞いて遊び、覚えた遊びを次の世代に伝えていく。この伝承しやすい遊びは全国で楽しまれました。地域によっては少し歌詞が異なり、「ふるさとまとめて花いちもんめ」で始まったり、鍋や布団だけでなく鉄砲もかついだり、「相談しましょ、あっかんべー」が加わったりしています。

①2組（A、B）に分かれて、
　それぞれ一列に手をつなぎます。
②2組交互に歌います。歌いながら前に歩いていき、
　足を上げます。歌わない方は、後ろに歩きます。

A
♪勝ってうれしい　はないちもんめ
　となりのおばさん　ちょっときておくれ
　お釜かぶって　ちょっときておくれ
　お布団かぶって　ちょっときておくれ
　あの子がほしい
　この子がほしい
　そうだんしよう

B
♪負けてくやしい　はないちもんめ
　鬼がいるから　いかれない
　お釜底抜け　いかれない
　お布団びりびり　いかれない
　あの子じゃわからん
　この子じゃわからん
　そうしよう

③それぞれ相手組から指名する人を相談して決めて、歌います。
　　♪○○ちゃんがほしい　　　　　　♪▲▲くんがほしい

④名前を呼ばれた子ども同士でじゃんけん。負けた子が勝った組に入って、始めからスタートします。

# とおりゃんせ

## 歌の終わりが近づくといつもドキドキ。

　とおりゃんせ（とおりなさい）と歌っているのに、ゆっくりと通れない遊びです。鬼（おに）ごっこのように逃げまわるわけではありませんが、歌の終わりが近づくと、みんなドキドキしながら門の下を通るのです。

　同じような動作の遊びが海外から伝わってきています。イギリスの童謡「ロンドン橋」で、♪ロンドン橋おちる　おちる……と歌い、通る人をつかまえます。

①2人が手をつなぎ、高く上げて「門（または関所）」をつくります。
②ほかの子どもたちは列になって歌いながら門の下を通ります。
③歌の終わりに①の2人はさっと手を下ろして、つかまえます。

♪通りゃんせ　通りゃんせ
　ここはどこの細道じゃ
　天神さまの細道じゃ
　ちっと通してくだしゃんせ
　ご用のないもの通しゃせぬ
　この子の七つのお祝いに
　お札を納めにまいります
　行きはよいよい帰りはこわい
　こわいながらも通りゃんせ
　通りゃんせ

7歳は子どもの成長の節目。これからは家庭から社会へと出ていく時期でもあるので気をつけなさい、という願いが歌詞となり、わらべうたとして伝承されています。

# チャンバラ

**かっこよくヒーローになりきれるか、勝敗よりも決めポーズが大切。**

　刀で戦う時代劇の俳優のかっこよさを、子どもたちが身近にある棒切れでまねて遊んだ戦いごっこ。その動きをチャンチャンバラバラと言葉で表現したところから、その遊びをチャンバラと呼ぶようになったようです。

　昭和時代の男の子に人気の高かった遊びで、最近では「チャンバラしよう」とは言いませんが、いつの時代も強いヒーローにあこがれてまねてみる戦いごっこは男の子に人気があります。

　公園などで棒切れを拾ったり、新聞紙を丸めて長い棒ができると、チャンバラのような戦いごっこが始まります。しかし、実際に友だちをたたいてしまうと、泣かせたり、けがをさせてしまうこともありますので、親や保育者にとっては、さけたい遊びの1つです。むちゃな行動に走らず、けがしない・させないルールを子どもたちが考える機会となることを願います。

えい！ やあ！ とかけ声高らかに刀を持つポーズを決めます。実際には友だちをたたいたりつついたりせず、気迫で勝負します。

# ことろ ことろ

## 大勢に一体感が生まれる遊びです。

　鬼「ことろ ことろ 子どもがほしい」、親「どの子がほしい」、鬼「あの子がほしい」、親「あの子はやれん」……と「はないちもんめ」にも似たかけ合いと鬼ごっこを楽しみます。列の先頭は親で、後ろに連なる子どもたちの動きを感じながら鬼に立ち向かい、子どもたちも親まかせでなく鬼の動きに合わせて動かなければなりません。鬼と親、子どもたちにそれぞれの役割があって一体感が生まれる遊びです。

### まめ ちしき

平安時代には比比丘女と呼ばれた遊びです。恵心僧都源信が地獄の鬼が子どもを取りにくるのを地蔵菩薩が防ぐという仏教の教えを伝えるために、この遊びをつくったといわれています。

①鬼と親を決め、ほかは子どもとして親の後ろにつながります。
②鬼と親が「ことろ ことろ……」とかけ合い、鬼は一番後ろの子どもをつかまえようと動きます。
③親は子どもを守るように両手を広げながら左右に動き、子どもは親からはなれないようにゆさぶられながら動きます。
④鬼が一番後ろの子どもをつかまえたら、親が次の鬼になり、鬼は一番後ろの子どもになります。

# 進化じゃんけん

**ルール決めでも盛り上がる遊び。**

　じゃんけんを始める前のルール決めこそ楽しい遊びです。「たまご→ひよこ→にわとりにしよう！」「いや、たまご→青虫→さなぎ→ちょうちょがいいよ！」などと決めるのです。ゴキブリ→アヒル→ゴリラ→人間 というような何の進化、成長なのかわからない発想も出てきたりして、大いに盛り上がります。それぞれの生き物の動作や鳴き声・かけ声も工夫して楽しみましょう。

### まめ ちしき

大人数で遊ぶとき、同じ進化・成長段階でなければじゃんけんできないというルールを追加することがあります。例えば、ヒヨコはヒヨコとしかじゃんけんできないので、「ピヨピヨ！」と鳴きまねしながらヨチヨチと歩いてじゃんけん相手を探します。

じゃんけんで勝つごとに進化・成長します。
例えば「生まれたての赤ちゃんが立ち上がるまで」の成長過程のポーズや動作を決めておきます。相手を変えながらじゃんけんをくり返し、一番に成長を終えたら勝ちです。

# しゃがみおに

## 座ったり立ったり、いそがしい鬼ごっこです。

　「座りおに」とも呼ばれています。しゃがんでいる子どもはつかまらないので、鬼と子どもの根競べという場面も出てきます。でも、もっと鬼ごっこのスピード感を楽しみたいので、鬼が座っている子どものわきで10数えるとつかまえられるというルールを入れることが多いです。さらに、地面や床に線を描いて、逃げる範囲を限定させて遊ぶと盛り上がります。逃げる範囲がせまければせまいほど、逃げる子どもは鬼のすぐわきで立ったり座ったりと目まぐるしい動きです。

### まめ ち し き

大人数で遊ぶときは鬼を複数にします。鬼がどんどん交代していくとだれが鬼かわからなくなり逃げる子たちのドキドキ感が増します。鬼を交代せず、「全員をつかまえたら鬼の勝ち」「最後に1人だけ残った子が勝ち」という終わり方もあります。

①鬼を決めたら、鬼ごっこスタートです。
②子は立って逃げ、鬼がつかまえに行きますが、座っている子はつかまりません。
③鬼が、立っている子にタッチしたら、鬼を交代します。
※子はしゃがんだまま逃げてよいというルールもあります。

147

# 手つなぎおに

## 手をつないで追いかける仲間がいるのが楽しい。

　　最初は1人ぼっちの鬼が仲間を増やしていく遊びですが、1人つかまえられるまでが勝負所です。その後はどんどんと仲間が増えていき、逃げていた子もつかまった瞬間に鬼の仲間になって、一体感が生まれていくのはふしぎなものです。一方、残っている子のほうは仲間が少なくなってきて、手をつないで横長に広がった鬼に囲まれてしまうと逃げる意欲も低下するようですので、仲間の力は大きいものなのでしょう。

### まめ ちしき

鬼が手をつないで長くなると動きにくいので、鬼が4人になったら、2組に分かれるというルールで遊ぶことが多いです。手を無理な方向に引っ張られたり、思わぬ方向に転んでしまってけがをするリスクも減ります。

①鬼を決め、鬼が子を追いかけてタッチしてつかまえます。
②鬼はつかまえた子と手をつなぎ、鬼を増やしていきます。
③全員がつかまったら終わり。1番につかまった子が鬼になって遊びを続けます。
※最後に残った子が勝ちとなって、次の鬼になるというルールもあります。

# 高おに

## 地面より少しでも高い場所を探します。

　「たかたかおに」とも呼ばれるように、高いところに逃げればつかまらない鬼<sup></sup>ごっこです。高いといっても、石ころの上や花壇や砂場のふちなど、地面から少しでも高ければよいのです。一見ちっとも高くないように見えて、「足の下に石ころがあるよ〜」なんてこともあるのです。でも、乗っている場所が小さくて体がはみ出しているとつかまるという「空中あり」ルールをつけ加えることもあります。空中ありか、なしかは、顔ぶれを見ながら決めます。

### まめ ち し き

走り回れる広さと適度に高いものが必要なので、どこでも遊べるわけではありません。さらに、高過ぎたり不安定で危険なものはさけなければなりません。年の違う集団で遊び回っていた時代には、そうした判断基準も年上から年下の子へと伝えていったのでしょう。

じゃんけんなどして鬼を決め、10数えたら子をつかまえに行きます。
子は地面よりも高いところに逃げればつかまりません。しかし、高いところに逃げても、鬼がわきに立って10数え終わるまでに逃げなければなりません。

# けいどろ

## だれもが警官にも泥棒にもなったことがあるでしょう。

　この遊び名は、警官と泥棒を表しています。ほかにも、「どろけい」、「どろじゅん（泥棒と巡査）」「じゅんどろ」、「ぬすたん」、「ぬけたん（盗っ人と探偵）」、「悪漢探偵」、「探偵ごっこ」など、全国各地でさまざまな名前で呼ばれています。鬼ごっこの1つですが、鬼が警官役で、子が泥棒役という善悪が逆の立場で、鬼が正義感をもってつかまえようと走り回ります。

### まめ ちしき

警官役が泥棒役にタッチしただけではつかまえたことにならず、「背中を5回たたく」「つかんで10数える」「牢屋まで連れていく」なども行わなければならなかったり、「牢屋の泥棒が泥棒仲間にタッチされたらもどれる（牢屋から出られる）」など、細かなルールが全国にあります。

①地面に牢屋を描きます。
②警官役は泥棒役をつかまえて牢屋に入れ、全員逮捕できたら勝ちです。

# 目かくしおに

**耳をそばだてて、友だちの動きを探ります。**

　鬼が手ぬぐいなどで目かくしをして、子どもをつかまえる鬼ごっこです。鬼は、耳や肌の感覚を研ぎ澄まして、子の位置や動きを察知して、つかまえます。

　鬼ごっこと言えば、鬼はこわい存在で、足が速くて、機敏な動きができる人が鬼になると、子は必死に逃げなければなりません。

　しかし、「目かくしおに」では、鬼はいつもより弱い立場にあって、足の遅い子もつかまるとは限りません。子は、鬼に接近して鬼をからかうように声をかけたり、手をたたいたりして鬼の動きをさそって楽しめます。

①鬼は手ぬぐいなどで目をかくしたり、目をつぶって、子をつかまえます。
②子は、手をたたきながら「鬼さんこちら　手のなるほうへ」と声をかけたりして、
　鬼の動きをさそいます。
③鬼にふれられた子は、鬼を交代します。

**注意！**
足元や壁に出っ張りがあったり、段差などがあるところはさけて遊びましょう。

# だるまさんがころんだ

**動きが見えないようにじりじりと鬼（おに）の方に。**

「だるまさんがころんだ」は10数えるかわりの言葉で、「坊（ぼう）さんが屁（へ）をこいた」
など、地域によっていろいろな数え方があります。鬼も子どもも行動の制限があ
る鬼ごっこなので、鬼は数えるスピードを変えたり、数えると見せかけてふり向
いたりすることで子どものむだな動きをさそうことが作戦となります。子たちも、
鬼が数えている短い時間にいかに大きく動いて鬼に近づくかで勝負をかけます。

① 鬼は木や電信柱など、立つ位置を決めます。（そこから移動できません）
② 子たちは、スタートラインに立ち「はじめの一歩！」と言って一歩動いたら、ゲームス
　タートです。
③ 鬼は背を向けて「だるまさんがころんだ」と言ってふり向き、動いている子がいたら呼
　びつけて手をつなぎます。
④ 残っている子たちは、つかまった子を鬼から救うために、見つからないように少しずつ鬼に近
　づきます。
⑤ つかまった子と鬼の手の間を「きった！」と言ってたたいたら、子たちは散り散りに逃
　げます。鬼が「ストップ！（とまれ！）」と声をかけたら、子たちは止まります。
⑥ 鬼は最初に決めておいた（または、みんなで決めた）歩数だけ歩いて、誰かにタッチできたら
　その子と鬼を交代してゲームを続けます。または、鬼が全員をつかまえたら鬼の勝ちです。

# ランドセルじゃんけん

**平静を装って、数名分のランドセルを持って歩きます。**

　小学生になりたてのころはランドセルをしょって歩くのがうれしくてしかたありません。それだけで、登下校は楽しいですが、やがて、遊びながら帰ります。草花をつんだり、虫を探したり、どんぐりや実を拾ったり、石ころをけりながら、グリコしながら、ランドセルじゃんけんしながら……。しかし、最近の道路事情、社会事情では、安全に早く家に帰ることが条件です。

## まめちしき

ランドセルの語源はオランダ語のrancel（ランセル）で、江戸時代の終わりごろに軍隊制度といっしょに入ってきた背負いカバンです。明治時代には、子どもの学用品を入れて背負うカバンとしてつくられるようになりましたが、当初は高価なもので一部の子どもが使うものでした。昭和30年ころからの高度成長期に全国に広まり、今ではカラフルで機能もデザインも多様です。

いっしょに帰る仲間（なかま）で遊びます。じゃんけんして、次の電柱までというように距離（きょり）を決めて交代しながら、ランドセルを全部1人で持って歩くのをくり返します。
無理じいせず、おたがいに思いやったりしながら、参加したみんながおもしろかったと思える範囲（はんい）で遊びましょう。

# ゴムとび

**とびこすだけでない、いろいろなとび方が生まれました。**

　長いゴムを2人が持ち、それをとぶ遊びを、ゴムとび、ゴム段、段とびなどと呼んでいます。戦後の小学生女子に人気の高い遊びでした。ゴムをピンと張って、くるぶしの位置から高さを上げながらとびこえます。ゴムを輪にして遊ぶときは、歌に合わせてとんだりします。現代では体育遊びとして取り入れられることもあります。

ゴムひもや輪ゴムをつなげて、長いゴムを用意します。
2人がゴムを持って、他の子どもたちがとびます。とべなかったら、持ち手を交代します。

### ゴム1本でとぶ

ゴムの高さを、低い位置からじょじょに高く上げて行きながらとびこします。
1段目はくるぶし、2段目はひざ、そして、もも、腰、胸、肩、おでこ、頭にゴムを当てて持ちます。
高くてとびこせなくなると、足をゴムに引っかけたり、ふんだり、側転などしてゴムをこします。

### ゴムを輪にしてとぶ

長いゴムを輪にして中に2人が立ちます。
輪の内と外をリズミカルにとびます。両足で内、外、内、ゴム踏んで、引っかけて……という一連の動作を決めておいて遊びます。

# うまとび

## しっかりとした馬になることが遊びの第一歩。

　馬になるには、友だちの体重や勢いに耐えられるくらいの身体でないと、くずれて危険です。「長馬とび」では体力とともに、馬の組み方やとぶ順番などの作戦を考えます。馬になる子もとぶ子もおたがいに友だちを思いやる仲間意識の高まりが必要となります。

### 1人馬をとぶ

腰をかがめて馬になった子の背中をとびこします。
人数が多ければ、適度なはばで並んだ馬を、はしからとびこしていき、とび終えたら馬になってとび続けるのをくり返します。
2組に分かれて競争もできます。
※初めてとぶときは、低い馬をつくるとよいでしょう。
　しゃがんだり、ひざを少し曲げたりして高さを調節します。

### 長馬をとぶ

①「長馬とび」「長馬」などと呼ばれる遊びで、2組に分かれて対戦。
②じゃんけんをして負けた組が馬になります。1人が樹などを背にして立ち、後のメンバーが股に頭を入れて連なります。
③とぶ組は、1人ずつ勢いよく馬にとび乗っていきます。
④全員が乗れたら10数えて、先頭同士がじゃんけんして、勝った方がとぶ組になります。

### 注意！

長馬は、馬同士がぴったりとくっついて、前の人の足をしっかりつかむことが大切です。
乗った子どもたちが馬をくずそうとしてゆらしたりすると危険です。動かないように。

# エスケン

## 文字通り、Sの字の周りをケンケンで移動して勝負。

　体力と頭脳を必要とします。ケンケンしながらSの字の周りを移動しなければ宝物を取りにいけないし、陣地に入るまで足をつくことはできません。宝物を取るには、全体の動きを見ながら勝負をかけるタイミングを計る必要があります。Sの中の守りが背を向けているすきに静かにすばやく入りこんだり、何人もいっぺんに攻めこんだりできるように作戦会議を綿密にしておかなければいけません。

①地面にSの字と、Sの周りに島を2つ描きます。
②2組に分かれ、それぞれの陣地に宝物（空き缶やボールなど）を置きます。
③誰が守るのか、攻めるのか作戦会議をします。
④ゲーム開始。島とSの中は相手の陣地でも両足を着けられますが、Sの周りはケンケンで移動します。
⑤相手の宝物をうばうか、メンバーを全滅（アウト）させれば勝ちとなります。

**基本的なルール**

・Sの字が切れている所が出入口で、そこからしか出入りできません。相手の陣地（じんち）にも入れます。

・Sの字の外で両足をついたらアウト、Sの字をふんだり、こえた場合もアウトとなり、ゲームからはなれます。

・相手の陣地でも、Sの中では両足をついて戦うことができます。

・島の中は休憩所（きゅうけいじょ）で、両足ついて休めますし、攻撃（こうげき）することもされることもありません。

**まめ ちしき**

「Sの字（エスノジ）」「S字合戦（エスジガッセン）」「S陣（エスジン）」などとも呼ばれています。

この遊びは、始める前のメンバー構成を決めるところから頭を使います。勝つためには強そうなメンバーをそろえたいのですが、2組に明らかな体力差などあると勝負はおもしろくありません。いろいろな意味でバランスよいメンバー構成をみんなで決める必要があるのです。

# 六虫

<ruby>六<rt>ろく</rt></ruby><ruby>虫<rt>むし</rt></ruby>

**<ruby>塁<rt>るい</rt></ruby>を往復するたびに、「いちむし！」「にむし！」と元気な声が響きます。**

歴史の浅い伝承遊びですが、その始まりや名前の由来はわかっていません。<ruby>軟<rt>なん</rt></ruby>式テニスや野球の<ruby>普及<rt>ふきゅう</rt></ruby>が元となっていて、ゴムボールと野球の用語を使います。<ruby>攻撃<rt>こうげき</rt></ruby>組が塁を往復する間に、守備組がボールを当てるように投げ合いますので、小学校の校庭のような広い場所で行います。ダッシュする<ruby>敏速<rt>びんそく</rt></ruby>な足、ボールを投げる手のスピードやコントロール力、タイミングが勝敗を左右します。

### 🟦まめ ちしき

攻撃組は、5往復のとき「ごむし！」、5往復半で「ごむし半！」と言わないと無効になるとか、ノーバウンドで取って投げてもよいなど、ルールはいろいろあります。

①2つの円（塁）を、10mくらい開けて描きます。

②じゃんけんなどして、2組に分かれます。

③攻撃組は、1往復できたら「いちむし！」、2往復で「にむし！」と言いながら、塁を6往復（ろくむし）するように走ります。守備組は、それをじゃますするようにボールを投げ合います。ボールに当たった子はアウト。ゲームから外れていきます。

④攻撃組が全員6往復できたら勝ち。全員がボールに当たったら、攻撃組と守備組を交代します。

# 人工衛星とーんだ

## グルグル回る、目が回るような体感も遊びの醍醐味。

　「人工衛星とーんだ！」で、グルグル勢いよく回っていた手をはなすとき、その後に足をひっかけてだれかを転ばせるときに注意を必要とする遊びです。体力とバランスのとれた動きができるようになったころから楽しみたいゲームです。

とぶとき、たおすとき、たおされるときに、無理な動きにならないように注意して遊びましょう。

①順番を決め、覚えておきます。
②手をつないで円になり、「じんこうえいせい ……」と言いながら勢いよく回ります。
③「とーんだ！」で手をはなしてとんで、止まります。
④最初に決めた1番の人から1歩ずつ動いていき、だれかに足をかけてたおそうとします。
⑤最後までたおれなかった人の勝ち。
※「人工衛星とーんだ！」の後に、近くの人とじゃんけんして勝ったら、手の形が表わす数（グーで勝ったら1歩、チョキは2歩、パーは5歩）を歩いて、だれかに近づいて足をかけるという遊び方もあります。

# 外遊びが育てた
# 人間関係力

文／竹田ひとみ

## みんなで遊ぶって楽しい！ 地面と友だちだったころ

　1980年代は、家庭用ゲーム機が出まわり始め、電気製品が年々改良されるような便利さを追求する時代でしたが、子どもたちは、まだ外遊びをたっぷりと楽しむことができました。遊ぶのに必要な時間と空間が十分にあり、いっしょに楽しむ仲間もいて、大人が介入しない子ども世界の中で、自分たちの遊びを通していろいろな経験をしていました。

　私が小学生のころ、近所の女の子たちとよくしたのが「かかしケンパ」で、車の通らない路地の土道に、棒や石（アスファルトの道になってからはロウ石）で線を描いて、ケンケンと片足とびして遊びました。その後には「ゴムとび」。ゴムの高さはひざから始めて、胸・首・頭と高くなったら、片足を高く上げてゴムを引っかけてとぶ「大阪とび」をしました。

　一方、男の子と盛り上がったのは「べったん（めんこ）」。相手の札を裏返してより多くの札を集めたい一心で、いろいろな方法で札を重くする細工をほどこし、何度も戦いに挑んだものです。

　放課後に、校庭や空き地では同級生が集まると、「天下町人」「Sケン」「宝とり」「かんけり」などで遊びました。遊んでいるうちにメンバーがどんどん増えていき、子どもながらに各遊びの中での力関係を把握していて、みんなでメンバー構成やルールを考えていたように思います。

　夕方おそくまで、友だちと遊ぶことが楽しくて、楽しくてしかたなかったあのころは、人生の中でもとても大切な時期。保育現場にいる私の今の役割は、子どもの遊び心に共感して、子どものやりたい遊びを応援することです。

➡ 「Sケン」は156ページ、「かんけり」は98ページにあります。

# 多世代で遊ぶ

赤ちゃんと遊ぶわらべうたや
技術を伝授するこま回しやお手玉など、
お年寄りも一緒に楽しみたい遊びを紹介します。

東京おもちゃ美術館
おもちゃ学芸員（ボランティア）と「折り紙遊び」

# 子守唄

**長く歌いつがれてきた日本の子守唄を赤ちゃんに。**

　赤ちゃんを寝かしつけるときやぐずっているときなどに、ゆっくりとしたリズムで歌います。心地よい音階とリズムで、赤ちゃんは眠くなり、歌っている人の心も落ち着いていきます。

　しかし、日本の子守唄は、赤ちゃんのためというよりも、子守自身の故郷を思う気持ちや置かれた状況をなげく気持ちを歌詞にしたものが多いです。それは昔、故郷をはなれて子守として働く幼い娘たちが多かったころに生まれた歌だからです。歴史的な背景も心のすみに置きつつ、長く歌いつがれてきた子守唄を日本の文化の1つとして伝えていきたいものです。

## 江戸の子守唄

ねんねん　〜ころりよ　　おころり〜よ

ぼうやは　よいこだ　ねんねしな

♪ねんねんころりよ　おころりよ
　ぼうやはよい子だ　ねんねしな

ぼうやのお守りは　どこへ行った
あの山こえて　里へ行った

里のみやげに　何もろうた
でんでん太鼓に　笙の笛

江戸時代に江戸で生まれ、全国各地に広まった子守唄で、長く歌いつがれてきました。口伝えですので、歌詞も少しずつ変化していきます。

## 中国地方の子守唄

♪ねんねこしゃっしゃりませ　寝た子のかわいさ
　起きて泣く子の　ネンコロロン　つらにくさ

　ねんねんころいちや　今日は二十五日さ
　あすはこの子の　ネンコロロン　宮参り

　ネンコロロン　ネンコロロン
　宮へ参ったときゃ　なんというて拝むさ

　一生この子の　ねんころろん　まめなよに
　ネンコロロン　ネンコロロン

　まめになったら　絵馬買うてあげましょ
　絵馬はなに絵馬　武士絵馬あげましょ
　ネンコロロン　ネンコロロン

岡山県南西部の子守唄です。歌詞にある「宮参り」は「産土参り」とも呼ばれ、現代でも生後1カ月ころに行われます。赤ちゃんの死亡率が高かった時代には、今以上に、地域を守る産土神に感謝し、さらに無事成長することを切に願ったことでしょう。

## 五木の子守唄

熊本を代表する民謡で、ここで紹介する歌詞のほかに、♪おどま盆ぎり盆ぎり……と歌われるものなど、少しずつ違うものが多数あります。
※おどま＝私

♪おどまいやいや　泣く子の守にゃ
　泣くとゆわれて　憎まれる

　ねんねした子の　かわいさむぞさ
　起きて泣く子の　面憎さ

### まめちしき

大正時代につくられた童謡・唱歌「ゆりかごのうた」（作詞：北原白秋　作曲：草川信）も、子守唄として定着しています。
♪ゆりかごのうたを　カナリヤがうたうよ　ねんねこねんねこ　ねんねこよ
……と、赤ちゃんを包むような優しさが表現されていて、比較的新しい伝承の歌となっています。

# ととけっこう

**眠りから覚めたときに歌いたいわらべうたです。**

　お昼寝の前には子守唄。目覚めのときには、このわらべうたを歌いかけると、目覚めもすっきりするでしょう。特に、いつものお母さんに代わって赤ちゃんの世話をすることになったお父さんなどは、寝起きにぐずられると大人の方が泣きたくなります。そんなときは、大人が優しい笑顔で歌いかけたり、ぬいぐるみをゆっくりと動かして見せたりすると、赤ちゃんの不安な気持ちが少しそれることでしょう。

♪ととけっこう
　よがあけた
　まめでっぽう
　おきてきな

赤ちゃんの顔を見ながら歌いかけたり、手足や身体をなでながら歌ったりします。歌い終わりに、「○○ちゃん、おはよう！」と言葉をそえたり、「いないいないばあ」をするのもよいでしょう。
歩けるようになったら、親鳥とひよこのまねをしながら行進するのも楽しいです。園などでは、保育者が歌いながら歩くと、後ろに子どもの列ができていきます。

# いちりにり

## ねんねのころの赤ちゃんから楽しめるスキンシップ遊び。

　初めての子育て、孫育ての方におすすめしたいわらべうた遊び。優しく語りかけながら、手足にふれると、それだけで遊びが始まります。ふれる方法はいろいろあります。ここでは、手のひら全体でつかむというか軽くにぎる程度で、くすぐるときも驚かせたり興奮させ過ぎないようにします。その他の優しいふれ方は、指先でトントンと軽くたたいたり、スーと線を描くようにふれたり、軽くつまんだり、手のひらでマッサージするようにふれたりします。

### まめ ちしき

赤ちゃんは、おしゃべりできなくても、「もう一度やってほしい！」「このあいだの遊びをまたやってほしい！」と、目や身体でうったえていることがあります。同じことを何度も行う「くり返し遊び」で満足感を得られることが心身の成長をうながしますから、ぜひ、つき合ってあげましょう。

♪いちり　　（両足の親指をつかむ）
　にり　　　（足首をつかむ）
　さんり　　（ひざをつかむ）
　しりしりしり　（お尻の両わきをくすぐる）

♪いちり
　にり
　さんり
　しりしりしり

赤ちゃんの顔を見ながら、足の指先から体の上へと移動させながら軽くつかんでいきます。
　　両足の親指→足首→ひざ→お尻の両わきをくすぐる
月齢が低い赤ちゃんほど、ゆっくりとしたリズムで、穏やかに遊ぶことが大切です。驚かせたり、激しさが加わると楽しいはずの遊びが恐怖となってしまいます。

# いっぽんばしこちょこちょ

**赤ちゃんの笑顔を引き出す手遊び初めの一歩。**

　ちょっとぐずっている子も、おかあさんや保育者などが、指先や手のひらでなでながら歌いかけると笑顔になってしまいます。その顔を見ていると、大人も楽しい気持になります。やがて、子どもが大人の手のひらに指先で線を描いてくれるようになると、その成長に大人は目じりを下げて喜んでしまいます。

♪いっぽんばし　こちょこちょ
　にほんばし　たたいて
　さんぼんばし　つねって
　階段のぼって
　こちょこちょこちょ

①指1本で、手のひらに線を引いてから、こちょこちょとくすぐります。
②指2本で、線を引いてから、たたきます。
③指3本で、線を引いてから、つまみます。
④指2本で、手のひらから肩(かた)まで歩くように上らせます。
⑤身体をくすぐります。

手のひらでなく、足の裏でも遊びましょう。
4本橋たたいて、5本橋つねって……と続けたり、階段上ってすべって、裏から上って……と動きを足したり、変化させるのも楽しいです。

## まめちしき

「いっぽんばしこちょこちょ」と同じように遊ぶわらべうたが他にもあります。
♪とうきょうと（1本指で線を引く）　にほんばし（2本指で線を引く）　ガリガリ山の（手のひらをガリガリッ）　パン屋さんと（たたく）　つねこさんが（つねる）　階段上って（指2本で歩く）　こちょこちょ（くすぐる）

# ちょち ちょち あわわ

## 大人の動きをじっと見てから、赤ちゃんはまねっこします。

　ベビーチェアに座れるようになったころに、赤ちゃんの前でやって見せると、しっかりと見ています。やがて、まねようと手をさかんに動かします。大人が、赤ちゃんの手や口、頭を軽くたたきながら歌ってもよいでしょう。また、赤ちゃんの手を持って動作をさせることもありますが、無理な動きにならないように気をつけましょう。

### まめ ちしき

目から得た情報を身体の動きに伝えたり、自分の身体の動きをイメージしたりするのが苦手ですと、幼児になってもまねっこがうまくできないことがあります。一連の動きでなく、1つずつ動きを練習するようにゆっくりと遊びを進めてみましょう。

①手をたたきます。
②あーと声を出しながら、口をたたきます。
③両手のこぶしをクルクルと回します。

④手のひらをつつきます。
⑤おつむ（頭）を軽くたたきます。
⑥片ひじをたたきます。

# しりとり

**いつでも、どこでも遊べる言葉遊びの代表格です。**

　手持無沙汰な時間があると始めたくなります。順調に言葉が出ているうちはおもしろさは、まだ半分。誰かが困り始めるとワクワクドキドキしてきます。

　あれこれ頭のなかで言葉を探しているうちに、意味不明な言葉をつくって出してしまうと大ブーイング。でも、負けずにやり返すのも楽しいのです。

### まめちしき

遊ぶ顔ぶれでルールを変えて楽しみます。幼い子には同じ言葉を何回も出してよいとか、探しやすい語尾にしてあげるなどの心くばりをして楽しみます。逆に、世界の国名しりとり、食べ物しりとりというように、使える言葉を限定して難しくして遊んだりします。

①最初の人が適当な言葉（単語）を言い、次の人がその末尾の文字から始まる言葉を言います。
②これを続けていき、言葉が出なかったら負け、「ん」で終わる言葉を言ったら負けとなります。
※一度出た言葉を言うと負けというルールがよく使われます。

# いろはにこんぺいとう

**ゆっくりと言葉のつながりを楽しみましょう。**

　しりとりのように言葉をつなげる連想ゲームのような言葉遊びです。普通のしりとりでは考えることが少ない、言葉の意味や言葉が表すモノの様子を想像しながら、リズミカルに言葉をつなげていきます。

　幼い子と遊ぶときには、考える時間を取りながら、ヒントを出したり、言葉の説明を加えたりしながら遊ぶと言葉が豊かになるでしょう。手ぶりも入れると楽しさが増し、知らない言葉の意味も分かりやすくなります。

**まめ ち しき**

この遊びの前に、1つの言葉から連想できるものをたくさんあげてみましょう。例えば、「赤いのは何かな?」と問うと、りんご、たこ、ポスト、サンタ、信号……　「砂糖はどんなもの?」と問うと、白い、茶色、あまい、食べる、サラサラ、かたい、とける……

♪いろはに 金平糖
　金平糖は あまい
　あまいは 砂糖
　砂糖は 白い
　白いは うさぎ
　うさぎは はねる
　はねるは かえる
　かえるは あおい
　あおいは おばけ
　おばけは 消える
　消えるは 電気
　電気は 光る
　光るは おやじのはげ頭

まずは、歌いながら、言葉のつながりを楽しみます。
言葉の意味もつながるように言葉を探し、しりとりのようにつなげていきます。
名詞だけでなく、形容詞や動詞も出していけます。

# えかきうた

## 楽しく歌いながら絵を完成させます。

　昔は、地面に棒で描いたり、コンクリートの上にろう石やチョークで描いたりと、外でも遊びました。黒板、湯気で曇ったガラスなど、紙以外にもいろいろなモノに描きました。最近では、コンピューターの液晶画面やバーチャルな空間に描く方法もありますが、絵を描く基本は、昔も今も、点と丸と簡単な線の組み合わせです。誰でも歌詞の通りに描いていくと絵が完成するので安心して楽しめます。

### まめちしき

えかきうたには文字で絵を表すものがありますが、平安時代の宮廷でも草や岩、鳥などを文字をくずして描き表す「葦手（絵）」がありました。江戸時代には、絵の中にある文字や言葉を探して楽しむ「文字絵」「判じ絵」などもあり、日本では、大人が文字・言葉と絵の表現を楽しむ歴史があります。

## へのへのもへじ

かかしの顔として知られますが、その起源は浮世絵という説もあります。「へ の へ の も へ じ」と描くと、顔になります。

## あひるのこ

最後の一筆で、やっと何が描けるのかわかります。

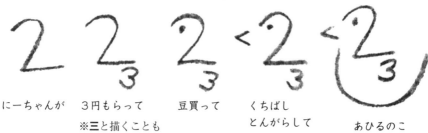

| にーちゃんが | 3円もらって | 豆買って | くちばしとんがらして | あひるのこ |
| --- | --- | --- | --- | --- |
| | ※三と描くこともあります | | | |

## まるかいてちょん

点と丸だけで、ブタが描けると、他の動物も描けそうです。

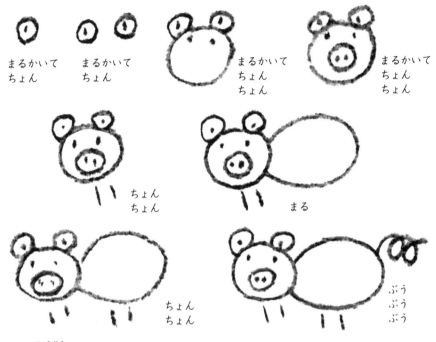

まるかいて
ちょん

まるかいて
ちょん

まるかいて
ちょん
ちょん

まるかいて
ちょん
ちょん

ちょん
ちょん

まる

ちょん
ちょん

ぶう
ぶう
ぶう

## たこ入道

しわや目鼻の位置によって、貫禄のあるたこ入道にも、かわいいたこ入道にもなります。

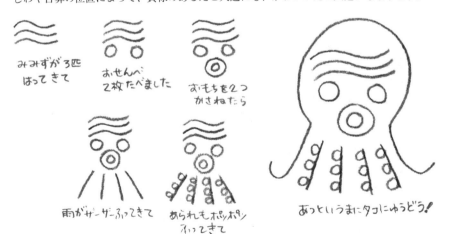

みみずが3匹
はってきて

おせんべ
2枚たべました

おもちを2つ
かさねたら

雨がザーザーふってきて

あられもボツボツ
ふってきて

あっというまにタコにゅうどう！

171

# 紙ずもう

**勝負を紙の力士にまかせます。**

　子ども同士が直接ぶつかり合う、いろいろな遊びずもうがあるなか、これは紙の力士に勝負をまかせるのです。せっかく自分でつくるのですから、できるだけ強そうな力士をつくりましょう。表情ひとつ変えることがない紙の力士は、なんとも愛おしいものです。

### 🔵まめちしき

力士づくりを研究しましょう。紙コップに顔をつけたものは幼い子にも簡単です。素材や形、重さ、重心などに注意しながら身近なものでつくってみましょう。また、積木やミニチュア玩具など身近な物をそのまま土俵に立てて遊んでみるのもおもしろいです。

行司役を決めて、「はっけよーい のこった」とかけ声をかければ、本格的なすもう気分を味わえます。

①画用紙などを二つ折りして、力士を描きます。
　※足や身体のラインに切り抜くと、たおれやすいので、切り方は工夫してください。
②空き箱などに土俵を描き、力士を土俵内に立たせます。
③土俵の周囲を指でトントンたたいて相手の力士を土俵の外に出したり、たおした方が勝ちです。

# ブンブンごま

## 回して楽しい、見て楽しいこま。

　こまは回すことを楽しむものですが、回ったときにしか見ることのできない色や形を楽しむものでもあります。黄色と青をぬり分けて回すと混色されて緑色、赤と青で紫色がチラチラと見えたりします。黄色とむらさき色などの補色の関係では灰色になったり、白と黒だけで描いた図柄から色が見えることもあります。

### まめ ちしき

ブンブンごまは、回したときの音を表す名前で、ぴゅんぴゅんごま、松風ごまとも呼ばれています。松風ごまは、松林を通り抜ける風の音をイメージして名づけられそうで、江戸時代の玩具絵本『江都二色』に登場しています。

①たこ糸を持ちブンブンごまを回転させて糸をねじります。
②糸を両側に引っ張り、ねじれがもどってきたら、糸をゆるめてブンブンごまを逆回転させます。これをタイミングよくくり返すと、ブンブンごまの回転速度が上がります。

### ブンブンごまのつくり方

①厚紙を好きな形に切り、色や図柄をつけます。
②中心に穴を2つ開けてたこ糸を通してできあがりです。

※簡単につくることができますが、こまの厚さや重さ、穴の位置のバランスに注意が必要です。

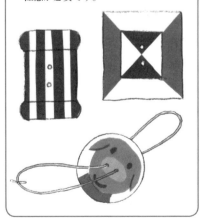

# 風車
（かざぐるま）

## 風を起こしたり、自然の風をうまく使って遊びます。

　風は目に見えませんが、風車を回すことで子どもは風を感じるのです。風に吹かれてクルクルと回るのを見ているうちに、ついつい走るスピードを上げる姿はなんともほほえましいもの。風量や風向きを研究する科学的な遊びでもあります。

### まめちしき

風車は縁起物（えんぎもの）としてかざられる地域もあります。

沖縄では、長寿の祝いに風車（カジマヤー）が欠かせません。97歳のお祝い「カジマヤー」を旧暦9月7日に盛大に行います。この年齢まで生きるのがめずらしいころに、これくらいまで生きると子どもに返ると考えられて、子ども玩具（がんぐ）の風車がお祝いの名前になったのです。親類縁者（しんるいえんじゃ）が集まって宴会（えんかい）が開かれるだけでなく、風車を持ってオープンカーパレードも行なわれます。

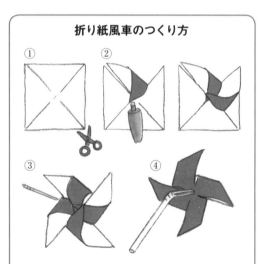

### 折り紙風車のつくり方

① ② ③ ④

①折り紙を三角に2回折って開き、中心を切り落とさないように切り込みを入れます。

②三角の右はし（または左はし）を軽く曲げて、中心にのりでとめます。

③中心にようじをさします。

④曲がるストローにようじをさしてできあがり。

風車のストローを持って、早歩きをしてみたり、息を吹きかけて回します。

※この風車は、下に向けると落ちてしまうので気をつけましょう。

# いしまつ、たいまつ

**じゃんけんをするまでの手指でつくる形も楽しい。**

　全国に、いろいろなじゃんけんがあります。手遊びうたの最後にじゃんけんが入っているものもあります。ここで紹介するじゃんけんは、岩手県遠野地方に伝わるわらべうたで、歌いながら人差し指、親指、中指を出していったり、親指と小指をいっしょに出したりするところが少し難しいです。

①うたいながら、手指で形をつくります。
②「ちょいとだして　かーみ」で、じゃんけんの準備。
③「やんやのいん」と言って、じゃんけんします。
④あいこだったら、「いのうーいん」と言って、じゃんけんします。

# てまりうた

**歌いながら、まりをつくのはなかなか難しいもの。**

　まりつきは女の子の代表的な遊びで、全国にいろいろなまりつき歌があります
し、同じ歌詞のようで少しずつ異なる歌もあります。

　まりつきのてまりは、今のボールとは違います。糸をグルグルと巻いたり、ぜ
んまい綿を芯にして糸を巻いたものなので、大きくはずむものではありませんで
した。江戸時代、それを室内で女の子がついて遊びました。現代は、糸を装飾的
に巻いてつくられる工芸品となっています。

　明治時代になって登場したゴムまりも、今のボールよりもはずみが重く感じる
ものですが、外でのまりつき遊びを広めました。

　　　　　※ぜんまい綿とは、ぜんまいのうず巻き状の新芽の表面についている綿毛を集めたもの。

**いちりとら**　　　　　　　♪いちりとら　らとりとせ
　　　　　　　　　　　　すんがらほけきょ　きゃべつでホイ

3拍子でまりをつきながら歌います。地域によって歌詞が少しずつ違いますし、2拍子でま
りをついて遊ぶところもあります。
「♪いちりと　らら　らっきょくて　しし　しんがらめこ　きゃっきゃ　きゃべつで ホイ」
とか「♪いちりき　さいさい　らっきょもって　すいすい　すいかもって　きゃきゃ　きゃ
べつで ホイ」というような歌は、2拍子でまりをつきます。

## あんたがたどこさ

あんたがたどこさ　ひごさ　ひごどこさ　くまもとさ　くまもとどこさ

せんばさ　せんばやまには　たぬきがおってさ　それをりょうしが　てっぽうでうってさ

にてさ　やいてさ　くってさ　それをこのはで　ちょいとかくせ

歌詞の中に「ひごさ　くまもとさ」と出てくるので熊本のうたのようですが、他の地域で生まれたのかもしれません。というのも、熊本の方言では、「…どこさ」は「…どっこいさ」となるそうです。また、九州では、最後の歌詞「それをこのは……」ではなく、「うまさのさっさ」と歌う地域が多いそうです。

まりつきだけでなく、前後左右にリズミカルにとぶなど、いろいろな遊びにも歌われました。

①歌いながら、まりをつきます。
②語尾に「…さ」が出てくるたびに、片足を上げて、まりをくぐらせます。
③最後は、スカートやセーターのすそに入れておしまい。

# おはじき

**遊べば遊ぶほどはじき方が上達します。**

おはじきというと、ガラスに色が混じっている小さな円形ですが、それは明治時代の終わりごろからつくられるようになったものです。おはじき遊びは奈良時代に中国から伝わってきたもので、「石はじき」とも呼ばれたように小石などをはじいて遊ぶものでした。世界にも、おはじきのような遊びはあり、小石や木の実、貝などをはじいて遊んできました。シンプルな形なので、いろいろな遊びにも使われています。

### まめちしき

おはじきをまいたときに、重なってしまったところを「おねぼ」と呼び、はなしてから遊ぶこともあります。立って高い位置から別のおはじきを落としたり、しゃがんでひじをついて落として当てます。

**注意！**
誤飲に注意しましょう。なんでも口に入れてしまう赤ちゃんがいるところでは遊ばないように。割れたおはじきを発見したら、素手でつかまず取り除きましょう。また、かたい床などに落とすと割れることがあるので、あつかいに注意しましょう。

## 基本的な遊び方

①皆でおはじきを出し合い、床またはテーブルにまきます。または、床に置いて、手でバラ
　バラに広げます。
　順番を決めて、1人ずつ、おはじきをはじいていきます。

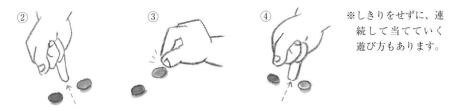

②　　　　　　　　　③　　　　　　　　　④　　　　　　　　※しきりをせずに、連
　　　　　　　　　　　　　　　　　　　　　　　　　　　　　続して当てていく
　　　　　　　　　　　　　　　　　　　　　　　　　　　　　遊び方もあります。

②ねらいを定めた2玉の間を1本指で線を描き（しきり）、
③どちらかの玉をはじいて当てます。
④もう一度、2玉の間に線が描けたら、当たった玉がもらえます。　⑤
　さらに、続けて行い、取れなくなったら交代します。

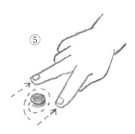

⑤最後の1玉は、目を閉じて、くるりと輪を描いて、
　「この道 まっすぐとおれ」と2本指でとおれたら、もらえます。
　一番多く取れた人が勝ち。

## おはじきのせ

手のひらに数個のせて、パッと上へ投げ・手を返して、手の甲で受け取ります。さらに、パッ
と投げ・手を返して、手のひらにもどせたら成功です。

# お手玉

**自分の手になじむ大きさ重さのお手玉が一番。**

　大陸から日本に伝わってきたのは奈良時代で、石投子(いしなご)と呼ばれていたそうです。江戸時代ごろから昭和時代まで、女の子の間ではやり、布を袋(ふくろ)状にぬって、あずきやじゅず玉、米などを入れてつくりました。現代では、プラスチックのつぶも使われます。

　遊び方は、お手玉数個をくるくると空中に投げる「投げ玉遊び」と床(ゆか)に置いて拾う「寄せ玉遊び」の2つに大きく分けることができます。それぞれいろいろな歌や言葉に合わせてリズミカルにお手玉をあつかいます。

## 一番はじめは

明治から昭和にかけて、まりつきやお手玉遊びの歌として親しまれた数え歌です。メロディーは、軍歌「抜刀隊(ばっとうたい)」のものが使われていて、歌詞には全国的に有名な神社やお寺の名前が登場していますが、地域によって少しずつ異なります。

三は、讃岐(さぬき)の金比羅(こんぴら)さん、八は、大和(やまと)の東大寺または法隆寺(ほうりゅうじ)、山田の伊勢神宮(いせじんぐう)、十は東京浅草寺(せんそうじ)、東京二重橋、など。

一番初めは一(いち)の宮(みや)
二(に)は日光(にっこう)の東照宮(とうしょうぐう)
三(さん)は佐倉(さくら)の宗五郎(そうごろう)
四(し)はまた信濃(しなの)の善光寺(ぜんこうじ)
五(ご)つ出雲(いずも)の大社(おおやしろ)
六(む)つ村々(むらむら)鎮守様(ちんじゅさま)
七(なな)つ成田(なりた)の不動様(ふどうさま)
八(や)つ八幡(やはた)の八幡宮(はちまんぐう)
九(ここ)つ高野(こうや)の弘法様(こうぼうさま)
十(とお)で東京泉岳寺(ぎょうせんがくじ)

両手でお手玉を持ち、右手で投げたら、落ちてくる前に左手のお手玉を右手に持ちかえて、落ちてきた玉を左手で受けとるのが「投げ玉遊び」の基本形で、これをくるくると続けます。

## おひとつ

「寄せ玉遊び」の1つで、「おさらい」の動作を間に入れながら遊びます。

お手玉5～7個を用意して床に置き、1玉（親玉）だけを持って始めます。

「おひとつ　おひとつ……」と言いながら、親玉を投げ、子玉の1つを拾って、落ちてきたものも受け取り、子玉だけ落とすのを続けます。全部の子玉が終わったら、最後は「おろして」と言い、全部を落とします。

「おさらい」の動作をして、次に進みます。

「おふたつ」では2つずつ拾い、「おみっつ」は3つ、「およっつ」は4つを拾って遊びます。

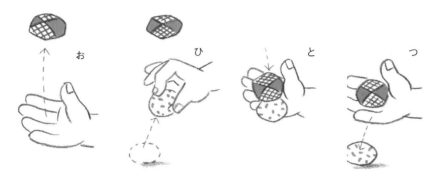

お　　　ひ　　　と　　　つ

## おさらい

親玉

おー

親玉を投げ、

さー

床の全部（子玉）を持ち、
親玉もキャッチし、

らい

子玉だけ床に落とします。

「おひとつ」の玉のあつかい方のバリエーションはたくさんあります。

「おはさみ」は1つ拾っては指の間にはさんでいき、「お手のせ」は手の甲または手のひらに乗せていきます。「お左」では拾った玉をわきに投げていき、「小さい橋」「大きい橋」は床に指をついて指や腕でつくったアーチを橋に見立て、橋の下に玉を投げて通します。

# ヨーヨー

## 時代とともに進化し続けています。

　昔からヨーヨーが上手にできる子はかっこいいものでした。最近はデザインも色々あり、音楽に合わせてダンスをしながらのパフォーマンスをするスタイルまで誕生し、現代に合わせた進化をとげています。

### 糸の準備
肩の高さに腕をのばし、自分のひざの高さにヨーヨーがくるくらいの長さに調節します。はしに指をかけるための輪をつくっておきましょう。

### 糸の巻き方
糸が固定されていないヨーヨーの場合、糸をたるませて指でおさえ、数回巻いてから、続きはふつうに巻いていきます。

### 遊び方
①糸を巻いたら、輪を指にかけ、手のひらを下に向けてヨーヨーをはなします。
②糸が下までのびたら、手を少し上げるとヨーヨーが上に巻き上がります。
③ヨーヨーが手にもどってきたら、下へはなして続けます。

### ヨーヨーの持ち方・遊び方バリエーション
①糸を巻いたら、指にかけます。
　糸がヨーヨーの上から指にかかっていることを確認します。
②肩にかつぐように持ってヨーヨーをはなし、もどってきたら手を返してキャッチします。

# あやとり

**いろいろな形に変化する1本のひも。**

　ひもが1本あると、いつでもどこでも遊べます。1人でも遊べますが、だれかといっしょだと、教え合ったり、競い合ったり、取り合ったりして楽しさが増します。世界各地にもさまざまなあやとりがあります。

## ほうき

①左手の親指と小指にひもをかけ、中央●と〇を引っ張ります。

②□に右手を入れて、●〇を引っ張り出します。

③左手の人差し指・中指・くすり指を曲げて、□に1本ずつ入れ、右手で持っているひもを左手の後ろへまわします。

④手の後ろ側にかかっているひもを前に回して●を引っ張ると、「ほうき」完成。

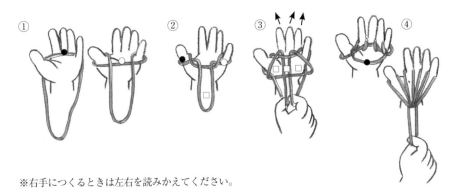

※右手につくるときは左右を読みかえてください。

# ふたりあやとり

2人（A、B）で取り合います。

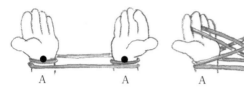

①Aが、両手首にひもを1回巻きつけます。中指で、対面する手の●を取ると「**つりばし**」完成。

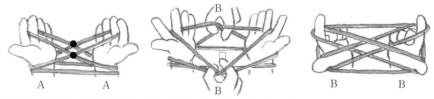

②Bが、親指と人差し指で●をつまんで外側に引っ張り、下から□に出して移し取ると「**田んぼ**」完成。

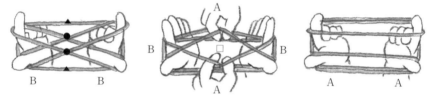

③Aが、上から●を親指と人差し指でつまんで、▲の上をこして、外側に引っ張ってから、
下から□に出して移し取ると「**川**」完成。

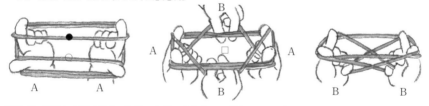

④Bが、右手の小指で●を、左手の小指で○を取って外側に引っ張ってから、
親指と人差し指を合わせて、□の下から出して移し取ると「**ふね**」完成。

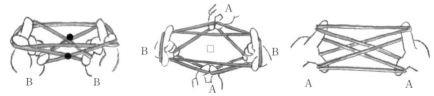

⑤Aが、●をつまんで外側に引っ張ってから、□の上から指を入れて移し取ると、また、「**田んぼ**」完成。

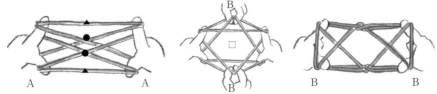

⑥Bが、●を上からつまんで、▲を越して外側に引っ張ってから、□の下から指を出して移
　し取ると「**ダイヤ**」完成。

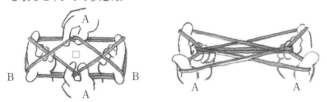

⑦Aが、図のように指を入れて、下から□の下から指を出して移し取ると「**かえる**」完成。

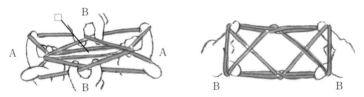

⑧Bが、図のように指を入れて、下から□の2本ひもの間から出して移し取ると、
　また「**ダイヤ**」完成。

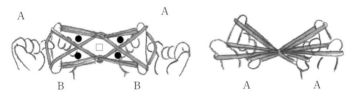

⑨Aが、図のように小指でかけ、親指と人差し指を上から●に1本ずつ入れ、
　下から□に出して移し取ると「**つづみ**」完成。

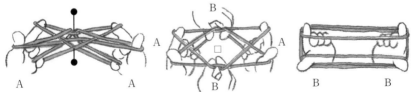

⑩Bが、両わきのクロスしている●を外側から親指と人差し指でつまんで、外に引っ張り出し、
　下から□に出して移し取ると「**川**」完成。
後は、④から、くり返して遊びます。

# けん玉

**けん玉を軽く持ち、ひざを使って練習しましょう。**

けんと玉の両方あるこの形のけん玉は、大正時代に日本で生まれたもので、当時は「日月ボール」と呼ばれました。世界中にいろいろな形のけん玉があり、技もたくさんあります。

最近では、音楽に合わせて技を見せるパフォーマンスも楽しまれています。

日本のけん玉の基本形と各部分の名前

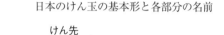

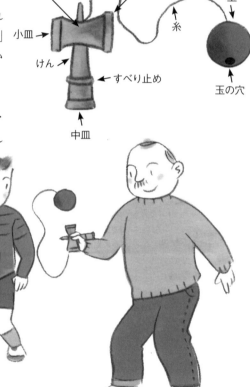

## けん玉の基本的な技

けんを持って、下げた玉を大皿にのせます。同様に、小皿、中皿にのせます。

大皿　　　　小皿　　　　中皿

## ろうそく

けん先を持って、下げた玉をふり上げて中皿にのせます。

## とめけん

けんを持って、下げた玉をまっすぐに上げて、けん先に玉を入れます。

## 飛行機

玉を持ち、下げたけん玉をふり上げて、玉でけん先を受け止めます。

## ふりけん

けん玉を持っていない手で下げた玉を持ってから、玉をふり出して1回転してきた玉をけん先で受け止めます。

## 日本一周

下げた玉を、小皿にのせたら、大皿にのせ、けん先に入れます。

小皿　　大皿　　けん先

## 世界一周

下げた玉を、小皿にのせたら、大皿、中皿にのせ、けん先に入れます。

小皿　　大皿　　中皿　　けん先

## 灯台

玉を持って、下げたけん玉をまっすぐに引き上げて、けん先が上を向いた状態で玉に立てます。

## もしかめ

「もしもしかめよ……」の歌のテンポに合わせて、大皿と中皿に、交互に玉をのせていきます。

公益社団法人 日本けん玉協会は、上記の技ができる回数などで1〜10級までの「けん玉道級位」を定めています。挑戦してみてはいかがでしょうか。

# こままわし

## カッコイイ空中技をやりたくて猛練習。

　路地や空き地に集まって、みんな夢中で回しました。技にもいろいろあって、難しい技を軽々とこなす子どもはヒーローでした。自分もあんなふうに格好良く回したくて、家に帰ってからも猛練習したものです。

## 投げごま
※左手で投げる人は左右を読みかえてください。

### ひもの巻き方
①こまを左手に持ち、上の軸にひもを一巻きしてこぶに引っかけ、強く引いてしっかり留めます。
②こまを裏返し、ひもをピンと張りながら下の軸に時計回りに2〜3周巻いてから、ひもをゆるめないように軸の根元にもどり、そこでキュッとひもを一度しめてからしっかり巻き上げていきます。
③ひもをめいっぱい巻いたら（または、残りのひもが短くなったら）、ひものはしを右手の中指・薬指・小指で持ち、ピンと張りながら人差し指はこまの周りを、親指は上の軸の下あたりを持ちます。
　ひものはしのこぶを小指と薬指の間にはさんでから、ひもをゆるめないように持つ方法などもあります。

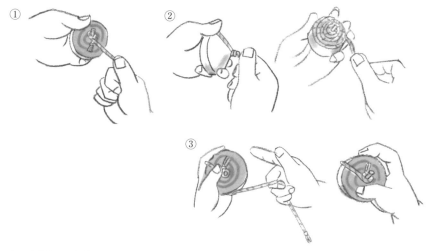

➡こままわしの写真は、本の始めのカラーページにあります。

**投げ方**

①左足を前に出して肩はばよりやや広く足を開き、腰を低く落としてひざの力をぬきます。

②こまを持った右手はひじを曲げずに後ろに引き、左足のひざくらいの高さの所でこまを放し、ひもの長さ分の先にこまを置くように投げます。

　ひもは引かずに投げたまま、ひもを解きもどし切った方が勢いよく回せます。

※巻いたひもが解け終わる前にこまが地面についてしまわないように、低く水平に投げ切るのがコツ。

## 手のせ（つばめ返し）

投げたこまがひもをはなれる直前にひもを引きつけて、空中で手のひらにのせます。

※手のひらやビンのふたなどにこまを乗せて「おにごっこ」もできます。鬼も逃げる人も、こまが回っている時だけ動けます。

## つな渡り

手にこまがのったら、ひもを両手で持って、こまをかたむけ、下の軸をひもに乗せるようにしてわたらせます。

## 水車（肩かけ）

縦にこまを投げ、こまの下の軸にひもを引っかけて横向きにのせます。

# ベーゴマ

**元祖バトルゲームの1つ。勝つために色々な工夫をしました。**

　ベーゴマは、バイ貝に粘土などをつめて、ひもで回していた「バイゴマ」が元と言われており、裏に巻貝らしい渦巻き模様がついているのはその名残です。

　昔の子どもたちは、くり返し練習して投げる（蒔くともいう）技術を高めるだけでなく、ベーゴマをけずったり、ろうなどをつめたりして、勝負に強いベーゴマになるようにいっしょうけんめいでした。

### ひもの巻き方

投げごまのような心棒がないので、こぶ（結び目）を2個つくったひもで巻きます。こぶの位置を変えずにどのベーゴマでも巻ける「女巻き」、ベーゴマの大きさに合わせてこぶの間隔を調節する「男巻き」などがあります。

だれでも巻きやすい「女巻き」

### 持ち方

人差し指の第一関節と親指の腹でベーゴマのふちを持ち（ベーゴマの面と手の甲は平行）、余ったひもは小指に1〜2周巻いて中指・薬指・小指の3本でひもをしっかりにぎります。

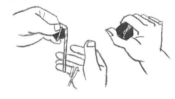

### 回し方（蒔き方）

ベーゴマの基本は内投げ。床の中心をねらって水平にベーゴマを投げ入れ、同じ力で引きもどします。ベーゴマを投げ入れる（蒔く）ときのかけ声は、「チッチのチ」など、地域によって独自のものがあります。

「床（回す台）」　　　　樽やバケツに、帆布などの厚手の布を張って、真ん中に少しへこみをつけておきます。

**勝敗**　参加者の顔ぶれや腕前（うでまえ）によって決めます。

| | | |
|---|---|---|
| **はじきだし** | **おかま** | **力（リキ）勝負** |
| はじき出した方が勝ち | ひっくり返した方が勝ち | 最後まで回っている方が勝ち |

## 大きさや形はいろいろで、ひっくり返したり、すべりこませたり。

　めんことは「面子」と書くように、小さなお面を表します。丸や四角のボール紙に昔の勇者や、漫画（まんが）・テレビ番組のヒーローなどの顔が描かれています。

　昭和時代の男子に大流行した遊びで、自分のメンコを持ち寄って、取ったり取られたりする真剣（しんけん）勝負が展開されました。子どもたちは、自分のメンコを強くするために、ふちを折ったり、丸めたりと工夫をこらしました。

メンコを場に数枚置き、1人ずつメンコを投げて、場にあるメンコをひっくり返せたら自分のものになるのが基本の遊び方です。失敗したら、投げたメンコはそのままで、次の人が投げます。自分の番になったときに場に残っていたら、そのメンコを使って投げられます。
※ひっくり返すだけでなく、「場のメンコの下に潜り込ませる」とか、「円や四角を描いておいて、出す」などの遊び方もあります。

# 心と身体を育む伝承遊び

文／稲葉恭子

## 子どもの未来を見越した子育て応援

　生まれた時から便利なデジタル機器に囲まれて育った子どもが、いま親の世代になり子育てをしています。授乳しながらスマートフォンでゲームを楽しみ、アプリを使って子どもをあやしたり叱ったりする風景があちらこちらで見うけられます。2002年に子育ち・子育て応援NPO活動を始めたころをふり返ると、子育ての環境も方法も社会の動きに合わせて激変していると思う昨今です。

　そんな中、子育て支援の現場では「♪げんこつ山のたぬきさん〜おっぱい飲んでねんねしてぇ〜抱っこしておんぶしてまた明日」など、時代を超えたわらべ歌や子守歌や手遊びを楽しむ親子の姿があります。遊びを楽しむこと、遊びを伝える人がいることを、親も私たちも喜んでいます。

　支援する側の私たちも、親子の最初のつながりをつくる〈子育ての原点〉を垣間見て、乳幼児を取りまく大人たちからの心地よい肌のぬくもり・やさしい声・温かな眼差しは、乳幼児の「心の安定根＊」を育むと再確認しています。

　また、少し大きな子どもたちと、お手玉・おはじき・ゴムとび・まりつき・ビー玉・メンコなどで遊んでいると、伝承遊びには身体の動きの柔軟さや豊かな人間関係づくりをうながす要素がたくさんこめられていることに気づかされます。

　さらに、伝承遊びやアナログゲームなどの遊びでつながる多世代交流ができる場をつくることで、希薄になった地域とのつながりやコミュニティーづくりが豊かに広がります。

　0歳から100歳まで、多様性を認め合い楽しく世代間交流しながら、子どもたちが活き活きと遊び学べる未来であってほしいと思います。

＊乳幼児期に愛情をたっぷり受けて育つ人間関係の土台になるもの。
　基本的信頼関係。

# 地方色豊かな遊び
## ―行事や祭り、わらべうた、郷土玩具―

北海道・東北

関東・中部

近畿・中国・四国

九州・沖縄

日本を大きく4つの地域に分けて、
それぞれの行事や祭り、わらべうた、郷土玩具を紹介します。
残念ですが、掲載できたのはほんの一部ですので、
これを参考にして、それぞれの地域のものをみつけたり、
場合によっては復活させて伝承するきっかけになることを願っています。

## 行事や祭り

日本各地にいろいろな行事や祭りが伝承されてきましたが、ここでは子どもが主役の行事や祭り・子どもが関わる行事や祭りを紹介しています。ごく限られた地域で行われているもの、伝承が途絶えてしまったもの、昔とは異なる日程や形で行われているものなどもあります。

## わらべうた

紹介した県だけでなく、全国の多くの方が知っているわらべうたを中心に選びました。歌詞や音程が異なるものもあるでしょう。遊び仲間で、どのように歌うか遊ぶかを決めてお楽しみください。
（選出・採譜　NPO法人日本わらべうた協会）

## 郷土玩具

東京おもちゃ美術館が所蔵している郷土玩具の中から、地域の風土や生活、行事・祭りなどの地方色が表れている玩具を選びました。郷土玩具の多くは、江戸時代に生まれ、昭和時代まで人気を博しましたが、現代ではつくり手が亡くなり、途絶えてしまうものが増えているのはとても残念です。

# 北海道・東北

子どもが主役の行事や祭り・
子どもが関わる行事や祭り、
わらべうた遊び、郷土玩具を
紹介します。

# 北海道・東北地方の
# 年中行事や祭り

　短い夏を彩る祭りが東北各県で行われます。青森ねぶた祭、弘前ねぷた祭、秋田竿灯まつり、仙台七夕まつり、山形花笠まつりなど、全国からのたくさんの観光客も楽しみます。一方、冬には、子どもの健やかな成長を願って各家を訪ねる「なまはげ」も有名ですが、地域によって「あまのはぎ」「あまのはげ」「すねか」などの呼び名があり、中学生や若者が伝承していく姿はたのもしい限りです。

頂上付近は急ながけですが、5〜6歳の子どもが岩に手をかけながら自力でよじ登ります。

### 泉山七歳児初参り〈青森県〉

　毎年7月25日（旧暦6月12日）に、数え年七歳の男の子が名久井岳の月山に登り、おまいりする行事です。これは泉山地区に古くから伝わる登拝習俗で、ふもとから山頂まで約2.5kmの険しい山道を父親といっしょに歩きぬきます。そして、山頂にある月山神社奥殿でこれまでの健やかな成長を感謝し、今後の成長の無事を祈ります。行事を終えた男の子は、一回りたくましくなります。
（三戸郡三戸町泉山）

## チャグチャグ馬コ
### 〈岩手県〉

　毎年6月第2土曜日（もとは旧暦5月5日）に、あでやかにかざられた100頭もの馬が滝沢市鬼越蒼前神社から盛岡市盛岡八幡宮まで約13kmの道のりを行進します。子どもたちがチャグチャグ馬コの乗り手となり、沿線の観衆に向かって手をふる様子は祭りの1つの魅力になっています。
（盛岡市・滝沢市）

チャグチャグと鳴る馬のすずの音は「残したい日本の音風景100選」（環境省）に選出されています。

# 月浜のえんずのわり（鳥追い）
## 〈宮城県〉

1月11日から、7〜15歳の子どもが、最年長の子の指揮で五十鈴神社の岩屋にこもり、精進潔斎（心身を清める）します。14日の夜に、子どもは集団で家々を回ります。玄関先などで、松の棒（神木）で地面をつきながら「えんずのわり（意地の悪い）鳥を島流しにする」というとなえ言を3回し、今年の豊作とその家の繁栄・安全を祈ります。16日には、五十鈴神社の境内で、御幣をつけた竹で害鳥を追い払うまねをします。
（東松島市宮戸の月浜地区）

地面を棒でつつきながら、害鳥を追い払うとなえ言をします。

# 上郷の小正月行事〈秋田県〉

小正月に、サエの神行事の一環で、子どもたちが祭主となって、稲わらでサエの神小屋づくり、小屋焼き、鳥追いなどを行います。サエの神とは、村の境界やとうげに祀られ、外から悪い鬼、疫病などが入りこまないように守る神様です。大森地域では、初嫁棒をかついで、鳥追いの歌を歌いながら家々をまわります。初めての正月をむかえるお嫁さんをつつく「嫁つつき」も行われ、子孫の繁栄を願います。
（にかほ市象潟町上郷地区の横岡、大森）

「嫁つつき」
「初嫁出せじゃ」と何度も言うと、お嫁さんが登場し、子どもたちがつつくまねをします。

# 象潟の盆小屋行事
## 〈秋田県〉

8月12日の早朝に、象潟海水浴場で、子どもたちが中心となってわらや木材などで、盆小屋をつくります。夕方になると町内の人が集まって火をたき、「ジーダ、バンバーダ、コノヒノアカリデ、キトーネ、キトーネ」と子どもたちがとなえ、先祖の霊をむかえます。15日の夜には小屋をくずし、わらを焼いて「ジーダ、バンバーダ、コノヒノアカリデ、イトーネ、イトーネ」ととなえ、霊を送ります。
(にかほ市象潟海水浴場)

子どもたちが中心になってつくる盆小屋

夜、小屋のわきで火をたき、子どもたちが歌って先祖の霊をむかえます。

# 北海道・東北地方の
# わらべうた遊び

　北国の冬は、厳しい寒さが長く続き、雪と氷に包まれる地域もありますから、春の訪れを心待ちにするのは、今も昔も変わりないでしょう。わらべうたにも、雪を楽しむ子どもの姿や、春に芽吹く草花へのあこがれの気持ちが表れているものがあります。

## じゃんけん〈北海道〉

じゃんけんのかけ声は地域色があり、同じかけ声でも「じゃいけん」「いんじゃん」「じっけった」など、微妙に異なる部分があります。

## 上見れば（雪）
### 〈秋田県〉

雪を見上げると虫のように見えるし、目の高さで見ると綿のように見えるし、足元を見ると白い雪が積もっている。それが「おもしろいな」「ふしぎだな」という気持ちをこめて歌ったのでしょう。

## うさぎうさぎ〈山形県〉

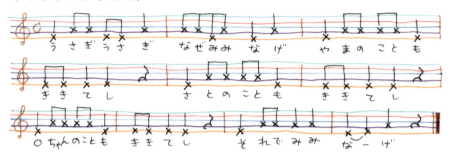

歌うだけでも楽しいですが、うさぎのぬいぐるみ
などを持って歌ったり、歌の後に子どもとおしゃ
べりして楽しみましょう。

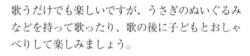

## ひとりでさびし〈宮城県〉

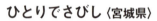

数え歌なので、お手玉やなわ
とびなどをしながら歌うと、
どのくらい長くできたのかわ
かりやすいです。

| | |
|---|---|
| みわたす | かぎり |
| よめなに | たんぽぽ |
| いもとの | すきな |
| むらさき | すみれ |
| なのはな | さいた |
| やさしい | ちょうちょ |
| ここのつ | こめや |
| とおまで | まねく |

## お茶を飲みに〈宮城県〉

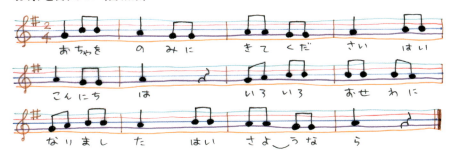

内がわを歩く人（主役）が、「はい」の歌詞で止まってあいさつします。
「さようなら」の後には外がわの人と交代します。

## 雨こんこ雪こんこ〈福島県〉

子どもたちは雪遊びが好きです。おらえ（私）の前には雪がたくさん降ってほしいと歌います。

# 北海道・東北地方の
# 郷土玩具

　気候風土の厳しいこの地方は、古くから良質な木が育ち、木地玩具や日用の木
工品を数多く生み出しました。特に、東北を代表する「こけし」は、もともと幼
児が手に持って遊ぶための玩具でしたが、工芸品としての完成度が高まり、江戸
時代から昭和にかけて、多くの人々を引きつけました。また、わら細工、張り子、
土人形づくりなどは農作業をしない長い冬の仕事でした。

## 板かるた〈北海道〉

取り札が木でできている百人一首で、下
の句だけを読み上げて取るので「下の句
かるた」とも呼ばれています。明治時代、
会津（福島県）から北海道開拓にわたっ
た人々がもたらした遊びで、当時、紙よ
りも手に入りやすかった木でつくられた
と言われています。現在は、3人対3人
が独自のルールで取り合うチーム戦で楽
しまれています。

## 下川原の土人形（人形笛）
## 〈青森県〉

江戸時代の文化年間、津軽藩主が産業発展のために、九州の筑豊の陶工を招き、藩内の各地
に窯を設けて日用雑器を焼かせました。冬のひまな時には10cmほどの人形や笛もつくりま
した。黄・紫・赤の色づけに特色があります。かつては、松前（北海道）から秋田まで広く
売られ、「弘前の壁人形」の名で知られていました。

### こけし〈宮城県〉

木の器をつくる木地師が温泉地のみやげ物として、色をつけた製品をつくり始めたと言われています。伝統こけしは産地によって特色があり、頭や胴の大きさのバランスや絵がらなどさまざまです。弥治郎系、遠刈田系、作並系、肘折系などがあり、鳴子系は首を回すとキュッキュッと音が鳴ります。

### 忍び駒〈岩手県〉

日本全国で、わらの馬がつくられています。花巻の馬は、胴に赤黒黄の帯を巻き、首にすずがついています。かつて、縁結びなどの願いがあると、人目をしのんで観音堂におまいりに行き、わら馬を供えたといわれています。

### 笹野のお鷹ぽっぽ〈山形県〉

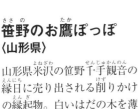

山形県米沢の笹野千手観音の縁日に売り出される削りかけの縁起物。白いはだの木を薄く削り垂らした削りかけに、彫ったり色をつけたりします。江戸時代に米沢藩主上杉治憲が領内の産業発展のために、農民の副業としてつくらせたのがはじまりとなっています。

### 三春駒〈福島県〉

江戸時代、馬の産地として知られる三春藩の高柴村の生き馬を「三春駒」、木馬の大きいものを「高柴木馬」小さいものを「高柴子育て木馬」と呼んでいました。木馬が三春駒と呼ばれるようになったのは昭和初期からです。宮城県仙台の「木下駒」、青森県八戸の「八幡馬」と並んで「日本三駒」と呼ばれています。

203

# おもちゃ遊びを病児にも

文／荻須洋子

## 楽しかった遊びの思い出を
## 入院している子どもに伝承したい

　戦後復興期に生まれた方は、私と同じような遊びの思い出を持つ方が多いのではないでしょうか。女の子は、人形やぬいぐるみをひもやふろしきでおぶったり、庭や路地にゴザなどをしいて、空きビンや使わなくなった食器などでままごと遊びをしたり。男の子は、ブリキの汽車や車などを手で走らせたり、またいで乗ってみたり。子どもが多い時代でしたので、遊び相手にこと欠くことはありませんでした。

　今の私は、あの遊びの楽しさを少しでも長期入院しているような環境にある子どもへ届けたいと思い、おもちゃ遊び支援活動をしています。病気になって遊びの意欲が落ちている子、障がいをもっていて自ら遊ぶことが難しい子などそれぞれに合うおもちゃを選び、遊びを支援します。病気であっても子どもたちは遊びたい気持ちを持っているし、時代が変わってもおもちゃにワクワクし、目を輝かせて遊びます。その時にいっしょに遊ぶ仲間の存在も大事ですが、子どもたちのそばで見守り、やさしい言葉をかけてくれる大人の存在は、病気の子どもの自己肯定感を育てる上でもとても大事なことだと感じています。

# 関東・中部

子どもが主役の行事や祭り・
子どもが関わる行事や祭り、
わらべうた遊び、郷土玩具を
紹介します。
<ruby>紹介<rt>しょうかい</rt></ruby>

新潟県

富山県

石川県

群馬県　栃木県

福井県

長野県

茨城県

岐阜県

山梨県　埼玉県

東京都

神奈川県　千葉県

愛知県　静岡県

# 関東地方の
# 年中行事や祭り

　江戸時代後期の江戸では、さまざまな芸術・文化が花開き、浄瑠璃や歌舞伎、相撲などを庶民も楽しめる機会が増え、大衆化されていきました。また、庶民の暮らしはリサイクルが徹底されていて、質素なものでしたが、日々の生活の中の年中行事や地域の祭りはていねいに伝承されていきました。

## 東関東の盆綱〈茨城県・千葉県〉

茨城県霞ケ浦から千葉県印旛沼あたりに広く分布する盆行事の1つで、子どもがわら綱をひいて先祖の霊をむかえ送る習俗があります。8月13日に墓地で霊を依りつかせて、家々に回って降ろし、15日には逆に送ります。使い終わったわら綱は、川や池に流す、沈める、焼く、大木に巻きつける、土俵をつくってすもうをとるなど、さまざまです。
（霞ヶ浦〜印旛沼）

わら綱の輪に依りつかせた霊を新盆の家で降ろします。

お盆の終わりにも、わら綱に霊を依りつかせて墓地へ送ります。

➡「盆綱」「かつぎまんどう」の写真は、本の始めのカラーページにもあります。

## かつぎまんどう〈群馬県〉

利根郡昭和村の川額八幡宮、森下大森神社では、秋の2日間に、五穀豊穣（豊作）を祈る豊年おどりが行われ、子どもが万灯をぶつけ合う「担ぎ万灯」という行事があります。養蚕が盛んだった江戸時代後期に始まったとされ、子どもによって今も受けつがれています。
（利根郡昭和村の川額、森下）

万灯の製作期間は1カ月。子どもたちが夏休みの終わりごろから制作します。心棒と呼ばれる1本の柱に、竹や紙、わらでできた戦国武将の人形をのせ、かざりつけます。高さ2～3m、重さ40kgとなり、中学生男子がかつぎます。

## 西小磯の七夕行事〈神奈川県〉

大磯町の西小磯では、毎年8月初め（7日に近い土日）に七夕が行われます。東地区と西地区に分かれて短冊などをつけた竹かざりを担いだ子どもたちが集まり、それぞれの地区内の道祖神や神社、辻をめぐります。その際、となえ言をしながら地面に竹かざりをふりはらうようにしておはらいをします。次に、竹かざりをたばねて「竹神輿」をつくり、再び地区内をねり歩きます。翌日早朝に、「竹神輿」を海に流して終わりとなります。この行事は疫病神をはらったことが始まりで、お盆に祖先の霊をむかえるにあたり、村中を清める意味がこめられています。「竹神輿」は竜の形をしており、雨乞いを兼ねているとも言われています。
（中郡大磯町西小磯）

「ナムキミョウチョウライ（南無帰命朝来）…」ととなえながらめぐります。

最後は、「竹神輿」を海に流しに行きます。

## 和良比はだか祭り（どろんこ祭り）
### 〈千葉県〉

五穀豊穣と厄除けを祈る、和良比皇産霊神社の伝統神事です。神田（御手洗池）で、しめ縄をばらして、わらを稲に見立てて「田植え」をし、「幼児祭礼」として1歳未満の赤ちゃんの額に泥をぬって厄除けします。「騎馬戦」「泥投げ」と続き、ふんどし姿の男たちが泥まみれになるお祭りです。

（四街道市）

着かざった1歳未満の赤ちゃんの額に、
神田の泥をぬって厄除けします。

## 十日夜〈埼玉県〉

旧暦の10月亥の日に行うので「亥の子」ともいわれ、わら鉄砲で畑の地面を力いっぱいたたき、作物を荒らすモグラやネズミを追い出そうという子どもが主役の行事です。少し前までは11月9日の夜に、「とおかんや、とおかんや、十日の晩のわら鉄砲、ドーンと打って打ちのめせ」と大きな声でとなえながら、家々の庭を力いっぱいたたいてまわっておりました。現在は柏原保育所などが行っています。地域の方の協力を得ながら、ジャングルジムに縄をかけてたばねたわらを巻きながらわら鉄砲をつくり、園庭をたたきます。持ち帰ったもので、おじいちゃんと畑をたたいたという子もいました。

（狭山市）

地域の方と「わら鉄砲」をつくります。

「とおかんや、とおかんや……」

# 関東地方の
# わらべうた遊び

　四季の変化がわかりやすい地域です。春夏秋冬それぞれの自然を愛で、四季の変化とともに行われる行事や祭りは、わらべうたにも伝えられています。

## ここは手っ首 〈埼玉県〉

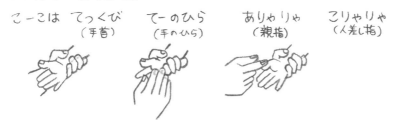

こーこは　てっくび　　　てーのひら　　　　　ありゃりゃ　　　こりゃりゃ
　　　（手首）　　　　　　（手のひら）　　　　（親指）　　　　（人差し指）

せいたか　ぼうず　いしゃ ぼう　ず　おーさけ　わかしの　かんたろ　さん
　（中指）　　　　　　（薬指）　　　　　　　（小指）　　　　　　（小指）

「ありゃりゃ」の歌詞のところから、指を1本ずつなでていきます。
足もしてほしいという子もいますので、「足のひら」でなく「足の裏」
というように体の部位の名前などに気をつけながら歌い、なでてあ
げましょう。

## つぎめつぎめ 〈栃木県〉

つぎめ　　　つぎーめ　　　　どこ つぃだか　　　あててみろ
つくつく　ぼうし　　つくぼう　　し　　　どこ　つぃだか　　あててみろ

　春の訪れを告げる土筆で当てっこゲーム。土筆の節を
外して、再び差しこみ、"つぎめ"を当てっこします。

## チンチロリン〈神奈川県〉

チンチロリン　チンチロリン　かたさせ
すそさせ　さむさが　くるぞ

秋の虫が鳴いたら寒さに備えなさいと伝える歌。すずなどを鳴らしながら歩いたり、まるくなって座り、歌いながらすずをとなりに回して遊びます。年齢（ねんれい）が高い子は音が鳴らないように回したり、人数が多ければ2個使ったり、音色（ねいろ）の異なるすずを鳴らしたりと工夫して遊びましょう。

## いちもんめの一助さん（いすけ）〈東京都〉

いちもんめの　いーすけさん　いのじが
きらいで　いちまんいっせん　いっぴゃっこく
いっと　いっと　いっとまめ　おくらに
おさめて　にもんめに　わたし　た

いちもんめの次は、にもんめ、さんもんめ……と歌詞を変えていく数え歌です。まりつきやお手玉をしながら歌って楽しみます。

## お正月来る来る〈群馬県〉

2月初午、3月ひなまつり、4月おしゃかさまの花祭り……というように、年中行事や季節の
ものを並べて、お正月がめぐってくるのを楽しみにしているのが伝わる歌です。

# 関東地方の
# 郷土玩具

　江戸の町は政治・経済の中心地として発達し、暮らしむきもよくなりました。庶民も花見や歌舞伎などを楽しむようになり、江戸や江戸近くの神社・寺などが行楽の場としてにぎわいました。そこでは、暮らしの不平不満を笑い飛ばす洒落の効いた縁起物や厄除けが人気を集め、招き猫（お客を招く）などの玩具も好まれました。

## 高崎だるま〈群馬県〉

　少林山達磨寺で、寺を開いた中国僧の心越禅師が、正月の配り札に描いた一筆描きの達磨座像が元といわれています。天明の飢饉の後に、これを手本に東嶽和尚がつくった木型に和紙を張った「張り子のだるま」がつくられ始めました。

　高崎周辺は、養蚕の盛んな地域で、蚕が動き出すのを「起きる」、繭をつくるのを「上がる」と呼ぶことから、豊蚕を願う縁起物として、春の市で求めて片目を入れ、秋には豊蚕を祝ってもう一方の目を入れたそうです。

## 船渡張り子〈埼玉県〉

　越谷市の船渡で、江戸時代から農家が張り子玩具をつくり、その多くが江戸の亀戸天神などで売られ「亀戸張り子」とも呼ばれました。明治には、周辺地域でもつくられるようになり、砂原張り子、五関張り子、春日部張り子などが知られています。

### 黄ぶな〈栃木県〉

昔、宇都宮で、天然痘がはやったとき、川でつった黄色いふなを食べて治ったことから、張り子で黄ぶなをつくり、家につるして病魔退散を祈りました。現在も正月の縁起物として地元の人に親しまれています。

### 笊かぶり犬〈東京都〉

江戸の代表的玩具として知られる犬張り子は、安産や女の子の成長を願う縁起物です。そのなかまに「笊かぶり犬」があり、笊は水をよく通すので子どもの鼻づまり、かんのむし（かんしゃくや夜泣き）を防ぐまじないや、「犬」が「竹」の笊をかぶっているので「笑い」を家庭に運ぶという縁起物として人気です。

### 王子稲荷　暫狐〈東京都〉

江戸時代の明和～安永のころ、九代目市川團十郎が歌舞伎「暫」を上演するにあたり、王子稲荷に祈願しましたら大当たりとなり、それに因んでつくられた玩具です。下の棒を上下に動かすと、狐の頭と扇を持つ手が動くしかけ。葛飾北斎の初午の風景の絵に、紙細工の「暫狐」が登場しています。

### 芝原土人形（雛）〈千葉県〉

東京浅草の今戸人形を元に、明治初期から長生郡長南町芝原でつくられました。一時とだえましたが復活されました。ねん土を型に入れてぬき、乾燥させて素焼きし、胡粉をかけ、泥絵具で色づけします。人形の体内にねん土玉を入れて焼くので、ふるとカラカラと音がすることから、石っころびなとも呼ばれています。

# 中部地方の
# 年中行事や祭り

中部地方は、行事や祭り、食文化などの生活の特徴から見て、大きく３つの地域があります。日本海に面する富山県、石川県、福井県の北陸地域は豊富な海産物や加賀（金沢）の伝統的な和菓子が登場します。険しいアルプス山脈がそびえ立つ長野県、山梨県、新潟県の内陸では山の幸、米や蕎麦、酒などが有名です。そして、名古屋を中心とした東海地域は料理の味つけや冠婚葬祭（結婚式や葬式など）のしきたりなどに独特な文化を持っています。

### さいの神〈新潟県〉

平安時代の貴族には「毬杖」という正月の遊びがありました。その遊びで使う杖を3本まとめて陰陽師がうたいながら燃やす「三毬杖」という行事があり、庶民にも広がり、全国で「左義長」「どんど焼き」の名で行われています。長岡市では、毎年小正月に「さいの神」と呼ばれる茅でつくられた巨大な松明を燃やし、この火であぶったお餅やするめを食べて、豊作や健康を願います。
（長岡市山古志地域）

子どもたちが点火する
役をします。

## 砺波市　出町子供歌舞伎曳山
〈富山県〉

200年を超えて、長い冬から春のおとずれを告げる風物詩として親しまれてきました「子ども歌舞伎」は、演じるのは子ども、鳴物担当は若者、祭りをしきるのは大人、支援や声援は高齢者というように、多世代が集う生涯学習の場でもあります。
（砺波市）

舞台の大きさにつくられた枠内で2カ月間けいこします。

曳山と呼ばれる山車の上の舞台で、けいこした歌舞伎を演じます。

## 地蔵盆〈福井県〉

地蔵盆とは、子どもの無病息災を願う子どもが主役の祭です。ここの地蔵盆は毎年8月23日に行われ、道沿いに建つほこらから出した地蔵を、子どもたちが潮（海水）で洗い清めて前年の絵の具を落とし、あらためて色をぬってお祀りします。組立て式の地蔵堂を建てたり、集会場や当番の家に祀るなどさまざまです。夜には地蔵和讃の念仏が行われ、供物の菓子・果物・賽銭が子どもたちに分けられます。　　　　　　　　　　（小浜市西津地区）

そうじからかざりつけまで、子どもたちが行います。

➡ 子供歌舞伎の写真は、本の始めのカラーページにもあります。

## お天神講〈山梨県〉

12月25日ごろに、学問の神様菅原道真を祀って、勉強ができるよう、文字がうまくなるようにと願う行事です。地区の公民館に小・中学生が集まり、墨で「天神天満宮」と書きます。各人が1枚ずつ書く地区、一筆ずつ全員で1枚を仕上げる地区などさまざまです。書き上げた習字を持って地域の天神社におまいりし、その後は公民館へもどり、カルタやゲーム、飲食を共にして過ごします。 (北杜市)

「天神天満宮」の習字

習字を持って、地域の天神社におまいりします

『明野の祭りと民俗 おやなぎ 筒がゆ むし送り…』より

## さなぶり〈静岡県〉

毎年、田植えが終わったころの6月中旬または下旬の日曜日、日が上る前から早朝にかけて行われるものです。小中学生が、午前1時ごろから鉦の音を合図に集合し、子どものリーダーの指示で数班に分かれて明け方まで家々を回ります。紙垂をつけた若竹を持ち、「ねんねこやいと・ほーらやいと」などととなえながら厄払いします。 (掛川市大渕地区)

「さなぶり（早苗饗）」とは田植えを終えた祝いのことで、田の神に感謝します。田で働く人の骨休みの日でもあります。

216

# 中部地方の
# わらべうた遊び

　リズミカルに、意味のわからないふしぎな言葉が連なるわらべうたが、子どもたちをとりこにしてきましたが、いずれも日常生活から生まれたものです。地域の食べ物の特色が表れていたり、子どもへの思いが歌に折りこまれました。

## どんぶかっか〈長野県〉

どんぶからかすっからか　あったまってあがれ　かわらのどじょうが
こがいをうんで　あずきかまめか　つづらのこつづらのこ

風呂や温泉で子どもが温まるように、何回も歌ったそうです。子どもをひざにのせてゆすりながら歌ったり、タオルで体をこするまねをしながら歌うのも楽しいです。左腕（うで）、右腕（うで）、お腹（なか）……とこする部位をかえながら。

## いもむし〈山梨県〉

いも むし　ご ろ ご ろ　ひょう たん　ぽっくり こ

歌に合わせて、いもむしのようにつながって歩いたり、ごろごろの言葉に誘われて転がったり、丸いものを転がしたりして遊びます。

## いちじくにんじん〈静岡県〉

いちじく
（無花果）
にんじん
（人参）
さんしょに
（山椒）
しいたけ
（椎茸）

ごぼうに
（牛蒡）
むくろじゅ
（無患子）
ななくさ
（七草）
はつたけ
（初茸）

きゅうリに
（胡瓜）
とうがん
（冬瓜）

「いちじく」は1、「にんじん」は2と、リズミカルに手まりや羽根つき、おはじきなどをしながら歌います。

1（左手の親指）、
2（右手の親指）、
3（左手の人差し指）、
4（右手の人差し指）
と10まで順に折りながら歌います。

円になって座り、ボールなどをとなりに渡していったり、中央に大人が入って、紙ふうせんを円周の1人ひとりと順にやりとりして遊んだりします。

## いものにたの〈福井県〉

いもの　にたの　さんまの　しおやき
ごぼうの　むしたの　なのはな　はくさい
きゅうリ　とうなす（カボチャ）

食べ物から四季を感じる
数え歌です。

## おてむしてむし〈静岡県〉

おてむし　てむし　てむしの　なかに
へびの　かばやき　かえるの　さしみ
いっちょばこ　やるから　まるめて　おくれ
いーや

※「おてむし」は「おてぶし」とも歌われ、にぎりこぶしの意味。

小さな物を両手で持って歌
い、「いーや」で片手に持っ
て、どちらに入っているか当
てっこします。

となりの人にわたしていって、「いーや」でみなが両手
を出します。中央の鬼が、持っている人を当てます。

# 中部地方の
# 郷土玩具

　縁起物・厄除けの代表的なものに土鈴や土笛があります。江戸時代、子どもの
かんのむし（かんしゃくや夜泣き）には土鈴、のどのつまりには鳩の土笛、鼻づ
まりには旅かぶり犬がきくと伝えられ、神社などで競って求められました。岐阜
県の美江寺の釜土鈴は蚕室（蚕を飼う部屋）に下げられ、音のすることからねず
み除けとなり、釜が宝珠や竜などでかざられた縁起のよいものとなって、豊作・
豊蚕を願うものとなっていきました。

## 米喰い鼠　餅つき兎
〈石川県〉

江戸時代の天保のころ、下級武士の
内職として、からくり玩具がつくら
れ、正月や祭りの露店で売られまし
た。「米喰い鼠」は、特産の桐工芸
のいらなくなった材料を利用してつ
くられました。竹ばねをおすと、小
さな鼠は、首と尾が下がり米を食べ
る動作をします。天保の大飢饉に苦
しんだので、お米を腹いっぱい食
べたいという願いがこめられてい
ます。「餅つき兎」は、糸を引くと、
うさぎが杵をふって餅をつきます。

## 鳩車〈長野県〉

野沢温泉の付近に生えているあけびの蔓を利用し
た細工物で、江戸時代の天保年間からつくり始め
られたといわれています。菅笠の台や土瓶敷き、
かごなどとともに、玩具もつくられました。明治
の末期には、現在の形である非常に美しいシンプ
ルな鳩車がつくられました。あけびの自然色をそ
のまま生かし、嘴にはミズキの枝をけずって用い
られています。

## 鯰押え〈岐阜県〉

糸を引くと人形と鯰がクルクルと回ります。大垣祭（5月）の山車人形「道外坊」を玩具にしたものです。モデルは、鎌倉時代の清い政治をした武士青砥藤綱です。ひょうたんで大鯰と向かい合う姿は、鯰を天災、ひょうたんを人力にたとえ、つかまえようがないが、それでもがんばる姿を表しています。

## 寂光院の紙つばめ〈愛知県〉

継鹿尾観音寂光院の例祭で売られていたもの。つばめは田の害虫を食べてくれる観音様の使いとして、田の畔にたくさん立てて五穀豊穣を祈ったそうです。胴体からのびる糸を結んだ棒を持って回すとつばめの尾が回り、くちばしの針金がカリカリと音を立てて飛んでいる姿となります。

## 牛若弁慶〈愛知県〉

糸をつかって人形を動かすからくりは、江戸時代の人形芝居や見世物としてはやりました。中期以後、これらのからくり人形は神社の祭りの山車人形などに応用され、それに似せた玩具も登場しました。名古屋市内の東照宮の大祭（4月）にひかれる山車人形、源氏車の橘弁慶に似せ、人形の頭は土製、衣装は色紙。扇を持った牛若は、下部の弓を水平に動かすとクルクルと回り、弁慶は、腕とつなげてあるしかけをシーソーのように上下させると、薙刀をふるうポーズが変化します。

# 子どもの
# 遊び環境を守ろう

文／多田純也

## 子どもは遊びと芸能、芸術のなかで育つ

　日本には、地域色豊かな民俗芸能があり、子どもたちは大人の所作をまねて遊んだりします。先日行った岩手県釜石市の保育園では、祭りで行われる「虎舞」の虎の頭をつくりおどっていました。遊びは日常ですから、地域の伝承文化も遊びに取り入れ、継承していく姿が日本中にありましたし、その中で子どもは成長し、地域のコミュニティーに引きつがれてゆきました。しかし、現代では社会の変化の中、その伝承が難しくなっています。

　2011年の東日本大震災では、東北の多くの土地から移住しなくてはならなくなり、コミュニティーがこわれ、伝承の基盤を失いました。とりわけ原発事故に見まわれた福島では住むことが制限され、祭りも遊びの環境も破壊されました。

　私は、子どものための舞台上演や、「表現あそび」などの活動で、東北の子どもたちや保育士などへの支援を続けています。その中で、震災後の子どもたちが、今はなかなか見られない「異年齢自治集団」で遊ぶ姿が印象的でした。津波に流されて遊び道具がない状況の中で、自主的に遊ぶ仲間が発生していたのです。それは、子どもの遊びの本来の姿であり、その中で宝物ともいえる子どもの遊びが伝承されてきたのです。

　現在、日本の子どもの遊び環境は大きく変化しています。遊びの中で成長することが子どもの大きな権利です。遊び環境を守ることが今を生きる大人の責任と務めだと感じています。豊かな遊びを伝えることが本当に豊かで平和な国への道であると思っています。

# 近畿・中国・四国

子どもが主役の行事や祭り・
子どもが関わる行事や祭り、
わらべうた遊び、郷土玩具を
紹介します。
<ruby>紹介<rt>しょうかい</rt></ruby>

# 近畿地方の
# 年中行事や祭り

　近畿地方は飛鳥時代から都が置かれ、日本の歴史・文化の中心地でした。貴重な遺跡や神社・寺院があり、国宝、重要文化財、世界文化遺産に認定されているものも多くあります。人間国宝の匠の技で修復・維持されています。また、年中行事や祭り、伝統芸能なども、ここから日本中に伝わっていったものが多いです。

## 狐狩り〈兵庫県〉

1月14日の夜に、その年の宿に子どもたちが泊まり、ごちそうを食べ、お茶を飲んだ後に、「狐が帰りそうろう、あながりそうろう」とさけびながら、竹をもって回り、村境に御幣をつけた竹を立てて、狐を村の外に鎮め送ったものです。狐とは人々に災いをもたらす悪霊をさしていると考えられています。また、「狐狩り」は「狐がえり」とも呼び、祭神送り、祖霊（先祖の霊）送りの1つの形であったともいわれています。
（養父市大屋町）

約1mのわらの横槌で「おんごろ退治」できるのは小学生男子だけです。

## おんごろどん〈京都府〉

「おんごろ」とは、もぐらのことで、男の子がわらを芯にして縄を巻きつけた横槌で、歌いながら地面をたたいてもぐらを追い出そうという農耕神事です。小正月前に各家を回って行われます。たたいた横槌はどんど焼きで燃やします。
（京田辺市宮ノ口・江津区）

## やしゃりさん〈滋賀県〉

昔、集落のわきの日野川に洪水があって流れ着いたといわれている「やしゃりさん」は木の地蔵で、子どもの守り仏となっています。1月5日、小学生が紅白の布で背負って集落を回ります。かつては「やしゃりさんの願じ、穂に穂が咲いて、道の小草に米がなる」とうたいながら、豊年満作を願いました。各家は、子どもたちが持つおぼんにお供え物のお米を入れ、やしゃりさんをおがんだりなでたりします。歩き終わった後は、役員さんがたいたかやくご飯をみなで食べ、「竜王かるた」をして終わります。（竜王町林地区　常信寺）

子どもが背負った「やしゃりさん」

神輿のお渡り風景

## 大和神社
## ちゃんちゃん祭り〈奈良県〉

正式には「日本大国魂大神の御例祭」で、4月1日に、祭りをとりしきる氏子の頭屋や頭人児など200名以上で、ちゃんちゃん鉦を鳴らし、神輿をかついで行列してめぐります（お渡り）。子ども会の山車があったり、男の子2人が竜頭を持っておどる「竜の口舞」を奉納したり、子どもも活躍します。（天理市新泉町）

お旅所（神社など神輿が着く所）で頭人児がそろって参拝します。

## シャカシャカ祭り〈奈良県〉

6月5日（元は旧暦5月5日）に、6～7メートルほどの大きなわらの蛇をつくり、子どもたちが町中をねり歩く野神（農神）祭です。先頭はヨシの葉に包まれたちまきをお供えとして持ちます。途中で、蛇に水を飲ませるしぐさをして、最後に、神木の榎の木に巻きつけ、お神酒などを供えて1年の豊作や治水を祈ります。（橿原市上品寺町）

## 粟生のおも講と堂徒式〈和歌山県〉

数えで3歳になる子どもを地区の一員として承認する行事です。旧暦1月8日の午前に「おも講」、午後に「堂徒式」を行います。「おも講」は、代々受けつがれている講員12軒が住職と旧正月の法要を行い、「堂徒式」は吉祥寺の薬師堂で3歳児の健康を祈って祈祷を行った後に、おも講の方々に酒をふるまいます。（有田川町）

子どもの頭に御香水をふりかけます。

➡「シャカシャカ祭り」「粟生のおも講と堂徒式」の写真は、本の始めのカラーページにもあります。

# 近畿地方の
# わらべうた遊び

　現代でも、関東と関西の生活文化や言葉などが比較されますが、わらべうたにも表れています。現地の方が歌うと、楽譜や文字では表せない言葉の強弱やアクセントなどの特徴がわかります。

## ろうそくのしんまき〈奈良県〉

ろう そくの　しんまきや　　まいても まいても　まだまけん

奈良市安堵町は、ろうそく（和ろうそく）の芯になるい草の産地だった所です。い草を生産しなくなった今も、ろうそくの芯づくりは伝統産業として残っています。芯巻きは手間のかかる作業で、「ろうそくの芯巻や、巻いても巻いてもまだ巻けん」と口ずさんでいたのが、わらべうたになりました。

つないだ手をはなさないように、うずを巻いたり、解いたりして遊びます。

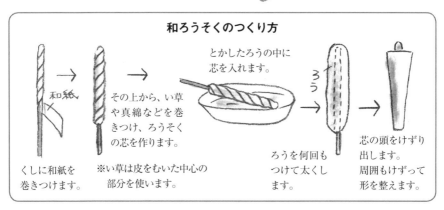

### 和ろうそくのつくり方

くしに和紙を巻きつけます。

その上から、い草や真綿などを巻きつけ、ろうそくの芯を作ります。

※い草は皮をむいた中心の部分を使います。

とかしたろうの中に芯を入れます。

ろうを何回もつけて太くします。

芯の頭をけずり出します。周囲もけずって形を整えます。

## こどもは風の子〈三重・和歌山県〉

こ ど も は　か ぜ の こ　じ じ ば ば / お と な は　ひ の こ

大人が子どもに外で遊ぶように歌ったり、
子どもが口ずさみながら外へ遊びに出たり
しました。

## おすわりやす〈京都府〉

お す わ り　や す　い す ど っ　せ
あ ん ま り　の っ た ら　こ け ま っ　せ

大人のすねに乗せて、歌に合わせながら上下にゆすります。「こけまっせ」で足を開きます。
大きい子は「いす取りゲーム」などで歌うのも楽しいです。歌い終わるまで歩くことにする
と、最後までいすに座るのを"待つ"という経験ができます。

## 大黒さん〈滋賀県〉

だいこく　さんと　　いうひと　は　　いちに
たわらを　ふんまえ　て　　にい　で　　にっこり
わらいが　お　　さんに　　さか　ずき　いただい
て　　よっつ　　よのなか　よい　よう　に
いつつ　　いつもの　ご　とく　に　　むっつ
む　びょう　　そくさい　に　　ななつ　なんでも
よいよう　に　　やっ　　やしきを　ひろ　げ
て　　ここ　のっ　こぐらを　たて　なら　べ
とおで　トントコ　ショと　おさ　まっ　た

大黒さんとは、七福神
の1人である大黒天で、
俵、打ち出の小槌、大き
な宝の袋を持った、ニコ
ニコ顔の福の神です。

歌いながら、まりを
ついたり、お手玉を
して遊びます。

# 近畿地方の 郷土玩具

　京都府の伏見稲荷は、古くから多くの参拝者を集めていました。もともと土器や瓦が盛んにつくられていた地で、その参道で並べられていた土人形は豊作祈願として評判になり、各地に稲荷神とともに知られました。この土人形の原型をつくる人は人形師と呼ばれ、各地の藩が産業を盛んにするために招き、地域性を活かした土人形をつくり、伏見を発祥の地とする土人形の発展をもたらしました。

### 犬筥〈京都府〉

雄雌一対の犬形の張り子細工で、上流階級の家で、安産のお守りや生まれた子の無事な成長を祈るものとしてかざられました。犬は安産、多産でじょうぶに育つので、それにあやかるようにと。

## 多度の弾き猿 〈三重県〉

明治時代中ごろから、多度大社門前で「（災難を）はじき去る（猿）」を表す縁起物として売られてきました。竹製のばねをはじくと、赤い猿がとび、先端のたいこに当たると音が鳴ります。たいこを、多度大社で行われる流鏑馬の矢の的になぞらえて、中央に黒丸が墨で書かれています。

## 伏見の土人形　饅頭喰い〈京都府〉

伏見人形が生まれた深草は、古くから土器がつくられ、天正のころ、太閤秀吉が伏見城を築くときには瓦が焼かれ、器や人形などもつくられました。また、伏見稲荷は農耕の神で、ここの土を持って帰り、田畑にまけば、穀物がよくとれるという信仰もあり、土人形が参拝者のみやげ物となって全国に広まりました。
伏見人形の代表的な「饅頭喰い」は、両親に父母のどちらが好きかと問われた子が饅頭を割って「どちらがおいしいか」と返した説話を表したもので、それが転じて、利発な子どもに育つようにとの願いがこめられました。

## 南蛮人形〈大阪府〉

堺港から住吉大社への参拝者が多く、
江戸時代の終わりころ、伏見人形の陶
工を招いて土人形づくりを充実させま
した。堺土人形（湊焼き）の代表的な
ものが南蛮人形で、堺港に着く船の外
国人の珍しい服装や風俗を表わしたも
のです。長崎や横浜にも同じような人
形が見られます。

## 住吉踊り〈大阪府〉

住吉大社で6月に行われる御田植え神事の住吉踊り
をかたどった縁起物で、笠の下で早乙女の人形がお
どるようにゆれます。江戸時代から、住吉大社で正
月や節分に授与されてきました。

## 太地浦 くじら舟〈和歌山県〉

太地浦は古くから捕鯨が盛んでした。漁師たちがその勢子船をかたどって木でつくり、船体
に松竹梅の模様を極彩色で描いて、大漁のときに子どもたちに与えました。

# 中国・四国地方の
# 年中行事や祭り

　島根の出雲大社の大国主大神にまつわる神話に、大黒様（大国主大神）が因幡の白うさぎを救ったというものがあります。このように、多数の神様の物語が日本各地の信仰や伝承の元となっていて、日本人は生活の節目ごとに神々を祭り、神々の力によって災を除こう、福を招こうとしてきました。

## 宝木の菖蒲綱〈鳥取県〉

旧暦の端午の節句（現在は6月第2日曜）に、小学1年から中学2年の男子が、新町・古町に分かれて大綱を担いで各家をまわり、玄関先で「えいとー、ええとー」とはやしながら綱を地面にたたきつけて厄払いした後、綱引きをします。綱引き後は、その綱で浜辺に土俵をつくり相撲をとり、最後は、綱は湊神社に奉納して終わります。なお、準備は保存会の方が行い、当日の行事進行はすべて子どもたちが行います。夜が明ける前から各家の軒先にあげてある菖蒲のたばを集めて回り、それをはさみながら大綱をつくります。起源ははっきりしませんが、1850（嘉永3）年ころにはあったといわれています。　　　　（鳥取市気高町宝木）

宝木菖蒲綱保存会の方が準備した大綱を使って、子どもたちが自主的に進めます。

## とろへい〈島根県〉

小正月の夜、子どもたちは、大小の親子のわら馬を持って「とろとろぉ～とろとろぉ～」と口ずさみながら地域の家を回り、縁側に置いてかくれます。家の人は、子馬をもらい、親馬にはおかしなどの供え物をくくりつけて置きます。それを子どもたちは、こっそりと取りにいきますが、家の人は清めの水を浴びせます。わら馬は神棚などにかざり、無病息災、五穀豊穣を願います。

(飯南町)

わら馬を届けに行くとおかしがもらえます。 清めの水を家の人が子どもにかけます。

## ししこま〈岡山県〉

「ししこま」とは、米粉でつくったもちに色をつけ、くしやへら、はさみを使って山の幸・海の幸にかたどったねり物です。牛窓町では、八朔（旧暦8月1日）に、初節句をむかえる娘のいる家でひな人形をかざり、「ししこま」をたくさんつくって、ひなだんに供えるとともに、近所の子どもにふるまいました。ふるまわれた（借りた）子が、やがて、次の世代の子に返すことで「ししこま」の風習が続きます。

(瀬戸内市牛窓)

カラフルな「ししこま」は手のひらサイズです。

## 虫送り〈香川県〉

夏至から11日目の半夏生のころに、火手と呼ばれるたいまつを持って、田んぼのあぜ道を歩き、害虫除けと豊作を祈ります。夕闇の中に200ほどの火手の灯りがゆれ動く、幻想的なお祭りです。（小豆郡小豆島町）

竹棒の先に布を巻いてつくった「火手」に火をともして歩きます。

## 高山　五つ鹿踊り〈愛媛県〉

五つ鹿踊りは、高山の賀茂神社で、秋に行われる祭りの出し物の1つです。子どもが多数参加する出し物に、巫女の舞、相撲甚句などもあります。

五つ鹿は、鹿の面をかぶり、着物にたすきがけ腕ぬき、はかま、たび、わらじをはいた姿で、腹部にたいこをつけ、打ちながら歌いおどります。

（西予市明浜町高山）

腹部のたいこを打ちながら、「まわれ　まわれ　水車　遅くまわりて　堰に止まるな……」と歌いおどります。

➡ 「高山　五つ鹿踊り」の写真は、本の始めのカラーページにもあります。

# 中国・四国地方の
# わらべうた遊び

　この地域では、県ごとの特色とともに、気候などは太平洋側、瀬戸内海、日本海側という分け方でとらえられます。雪国でなく、暑い南国でもない、温暖な気候が広がる地域だからでしょうか、わらべうたでは、活発な動きをともなう外遊びが目立ちます。

## ななやことん〈岡山県〉

まりを手や足でついて、最後は背中にのせて終わります。
A　手のひらで2回、足の甲で1回つきます。
B　手のひらで2回、手の甲で1回、足の甲で1回つきます。
C　投げて背中で受け取ります。
D　けり続けます。

## あっちの山は 〈岡山県〉

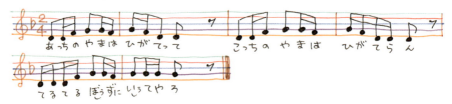

海や川で遊んだ後、甲羅干ししながら冷えた体を温めるときに口ずさみました。

## 三と一二 〈広島県〉

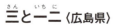

いろいろな動作を3拍子で楽しみます。

数字はどの位置でもよい

## 米つけ粟つけ 〈島根県〉

背中合わせで、ギッコンバッタンと背中にのせ合います。

## なかなかホイ 〈香川県〉

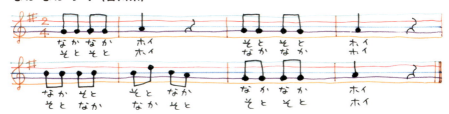

### まりつき

まりつきしながら、まりを前から股下を通したり、後ろから前に通します。

### お手玉

ざるを持って、「なか……」はざる の中で、「そと……」はざるの外で、 トントントンとリズムをとります。

### 手をつないで

2人で両手をつなぎ、 「なか……」で内側、「そと……」 で外側で手をふります。

### なわとび（棒とび）

2人で持った縄や棒を 「なか……」で内側をとび、 「そと……」で外側をとびます。

# 中国・四国地方の
# 郷土玩具

　四国では、瀬戸内海に面する讃岐（香川県）、太平洋に面する土佐（高知県）というように、各地からの物流とともに、張り子や土玩具などの技術が伝わり、土地がらを表わす明るい表情の玩具が目をひきます。中国地方の玩具には、伝説や昔のできごとを形にしたものが多くみられ、ひな人形の古い形である鳥取県の「流しびな」、倉吉の狐などの張り子面などがあります。

## 柳井　金魚提灯〈山口県〉

幕末のころ、青森の金魚ねぶたをヒントに、竹の骨組みに紙をはり、伝統織物「柳井縞」の染料を用いてつくり始めたとされています。灯りをともして軒にかざられました。現在では「金魚ちょうちん踊り」や「金魚ねぶたのねり歩き」も行われています。

## 藍つきお蔵〈徳島県〉

「阿波藍」として有名な藍の産地である徳島では、昭和初期に立ち並んだ白壁づくりの藍蔵をかたどった玩具がつくられました。藍は、葉を乾燥後、土蔵で発酵させ、うすでついて固めます。その動きを、ひもを引くと3本のきねが交互に上下してカタカタとたたいて表わします。

## 尾道　田面船〈広島県〉

港を出入りした北前船をかたどったとされる船に四輪がついています。旧暦の八朔（現在は9月1日頃）に、男の子の生まれた家へ贈る船で、この船をひいて産土神に宮参りする風習があります。

➡ 鳥取県の「流しびな」は、41ページにあります。

## 松山　姫達磨〈愛媛県〉

「道後起き上がり」とも呼ばれ、神功皇后（『日本書紀』に登場する）が道後の湯に立ち寄り、その後に応神天皇を出産されたという伝説から、幼い天皇の産衣姿をかたどって、桐の木を刻んでつくられたのが始まりとされています。その後、紙張り子になり、子どもの成長を願う祝い物、あるいは病人の枕元に置けば快復が早いとみまい品に用いられました。

### 高松張り子　奉公さん〈香川県〉

たくさんある高松張り子の代表格が奉公さんで、嫁入り人形、子どもの病気除りとして贈られました。言い伝えによると、熱病にかかったお姫様の身代わりとして病気を自分の身に移して、はなれ小島で亡くなった人を「奉公さん」とほめたたえて人形にしたものだそうです。

## 鯨車〈高知県〉

土佐は、江戸時代の寛永のころから、捕鯨の中心地として知られていました。室戸岬沖で行う捕鯨に出漁した漁師たちが、その漁業からの帰り、我が子へのみやげにと木をけずって、手づくりの鯨舟や鯨車をつくったのがその起こりといわれています。鯨車には背美鯨、抹香鯨、長洲鯨、座頭鯨などがあり、いずれも車がついていて「土佐の鯨車」あるいは「室戸の鯨車」と呼ばれて親しまれました。

# コマまわしの先生！

文／奥山美紀

## 介護が必要なお年寄りが
## 遊びの先生となって輝く日

　保育園と高齢者デイサービスセンターが１つ屋根の下にあり、日ごろからおたがいのようすが見えかくれするような環境にあります。お年寄りが車いすでテラスに出れば園庭で遊ぶ子どもの姿が間近となり、お年寄りの部屋に遊びに来る子どももいます。

　先代の理事長の「子どもは毎日、友だちと楽しく遊べていいな。隣りに高齢者も集える所があればいいのに」の思いから複合施設となりました。

　敬老週間には、にじ組（デイサービス）に、園児がやってきて「伝承遊びごっこ」を行うのがお決まりの年間行事になっています。

　「おじいちゃん先生、コマ回して！」園児たちは、コマにひもを器用に巻きつける手元をじっと見つめ、コマが勢いよく放たれて回ると「わぁ〜すごい！」といった歓声が巻き起こります。「もう一回して！」と子どもたちのリクエストの声は鳴りやみません。

　日ごろは身の回りの介護が必要で受け身の立場が多いけれど、この時ばかりは生き生きとした表情のおじいちゃん先生となります。子どもにとっても、保育者から教わるコマまわしでなく、自信にあふれた先輩・師匠から、遊びを伝承される経験は、大きな感動とあこがれを感じるのでしょう。他の活動でも世代間のつながりができますが、伝承遊びにはおたがいを引きつける深い魅力があるようです。

# 九州・沖縄

子どもが主役の行事や祭り・
子どもが関わる行事や祭り、
わらべうた遊び、郷土玩具を
紹介します。

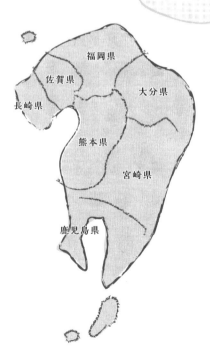

福岡県

佐賀県

大分県

長崎県

熊本県

宮崎県

鹿児島県

沖縄県

# 九州・沖縄地方の
# 年中行事や祭り

　温暖な気候の九州では、木々や植物、野菜や果物、海の幸が豊富で、南国らしさが表れています。行事や祭りの内容や名前にも、おおらかで大胆な南国らしさや大陸の影響が感じられます。

　沖縄は琉球国として独自の文化や風習を守り続け、現在でもそれらは県民の生活に深く根づいており、先祖や年長者を大切にする行事が受けつがれています。

## 鬼夜のシャグマ（赫熊）の子どもたち
### 〈福岡県〉

大善寺玉垂宮は、創建1900年の歴史ある神社で、玉垂命、八幡大神、住吉大神がまつられています。「鬼夜」は、仁徳天皇56（368）年1月7日、藤大臣（玉垂命）が勅命により、この地を荒らしていた肥前国の桜桃沈淪を暗い夜に討ち取ったのが始まりとされている火祭りです。
大晦日に火打ち石で取った御神火が7日間守られ、それが「鬼火」となって大松明6本に移されます。燃えさかる炎の前で、古くから伝わる鉾面神事（鉾取った・面取った・ソラ抜いだ）でおはらいし、「大松明まわし」が壮大に行われます。
その陰で、鬼堂（阿弥陀堂）に潜んでいる鬼は、シャグマの子どもたち（小学校高学年）40〜50人に追い出され、シャグマや棒頭に護られながら鬼堂を7回半回り、汐井場で清め、鬼堂へ帰るという行事が密かに行われます。
鬼がもどったところで、大松明の火も落とされ、大晦日からの一連の行事は終了します。
（久留米市大善寺町宮本）

御神火を大松明に移します

シャグマの姿になった子どもたち

➡「鬼夜のシャグマの子どもたち」の写真は、本の始めのカラーページにもあります。

## バーサランダ祭〈熊本県〉

上千田天満宮で7月25日に行われるバーサランダ祭は、「お百度あげ(参り)」と言われていました。腰にしめ縄をした男の子たちが千田川で石を1つ拾い、「バーサランダ、バーサランダ」をとなえながら天満宮へ向い奉納します。100個になるまでくり返し、最後にしめ縄は梅の樹に投げ上げ、石はご神木の根本に納めます。疫病がはやった350年前ごろから、子どもの無病息災を祈る祭りとして受けつがれてきました。　　（山鹿市鹿央町上千田）

川から石を拾って奉納します。

## ヘトマト〈長崎県〉

1月第3日曜に、豊作、大漁、子孫繁栄をまとめて祈願する祭。白浜神社で子ども奉納相撲を初め、羽根つき、玉蹴り、綱引き、大草履のねり歩きなどが行われます。
顔や体に「へぐら」と呼ばれるススをぬった若者が、長さ3mもの大草履に未婚の女性を次々と乗せ、胴上げしながら町中をねり歩き、山城神社に奉納します。　　（五島市下崎山地区）

大草履に未婚の女性をのせて子孫繁栄を祈ります。

子ども奉納相撲

## そらよい〈鹿児島県〉

旧暦8月15日に行われる豊作をいのる幻想的な祭りです。集落によっては山でかやを切り、やぐらを組んで大綱をつくります。夕方、集落の人が集まり綱引きをして、すもうをとります。子どもたちは、わらやかやでつくった帽子と腰みのをつけて「そらよい(それはよいの意味)」をおどります。やまの神・大地の神は女神なので男の子だけで行われます。
(南九州市知覧町)

「そらよい、そらよい……」と歌いながら、四股をふむようにおどります。


## ユッカヌヒー〈沖縄県〉

ユッカヌヒーとは四日の意。旧暦の5月4日(厄日)に、子どもの健やかな成長を願っておもちゃを買う習慣がありました。孔子廟から大門(うふじょう)まで数キロメートルにわたる玩具市がたち、色彩豊かな琉球張り子も並ぶにぎやかな行事でした。現在も、子どもイベントでおもちゃ市が行われます。
(沖縄県那覇市など)

アダンの葉でつくる「星コロ」などの草編み玩具や張り子、土人形、たたきごまなど、沖縄色あふれる玩具たち。

➡ 「そらよい」「ユッカヌヒー」の写真は、本の始めのカラーページにもあります。

244

# 九州・沖縄地方の
# わらべうた遊び

　全国で楽しまれている共通語といえるようなわらべうたがある一方、地域の言葉で歌われるものもあります。そして、その言葉が表わすものにも地域差があります。例えば、「ふーゆべまー」の歌詞にカニが出てきますが、沖縄の子どもが想像するカニの姿は東北や北海道のものとは異なるでしょう。

## お月さんお月さん〈佐賀県〉

おつきさん　おつきさん　なしゃほしゃ(星)でさっさん
じゅうごやさんから　にくまれぼうで　そこで ほしゃ でさっさん
なーんやろ　かやろ　いけの はたの　こふくろ こふくろ
うしろへおんもん だぁいよ　チリン カラン ポテッ

「かごめかごめ」と同じように遊びます。

## にぎりぱっちり〈鹿児島県〉

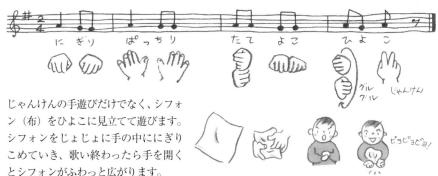

にぎり　ぱっちり　たて よこ　ひよこ　グルグル　じゃんけん

じゃんけんの手遊びだけでなく、シフォン（布）をひよこに見立てて遊びます。シフォンをじょじょに手の中ににぎりこめていき、歌い終わったら手を開くとシフォンがふわっと広がります。

## ぶらんこ 〈大分県〉

ぶ らんこ　ぶ らんこ　　こげよ　　　こげよ

かぞえて　こげよ　　いち に　さん し

ご ろく しち はち く じゅう　じゅう まで

かぞえたら　かわりま　しょう－－－－－

両ひじを持つくらいしっかりと
だきかかえて左右または前後に
ゆすります。

## うさぎの餅つき 〈熊本県〉

うさぎ さんの　もっつき は　　ペッタン　　　ペッタン ペッタン

⑦は歌が終わるまで縦に
大きく手を打ち続けます。
⑦も縦に手を打ちます。

⑦が自分の手、⑦の手を
交互に打ちます。

こねて　　こねて　　　こねて こねて こねて

⑦が自分の手を打ち、⑦の手でもちをこねるまねを続けます。

トントン トントン　トントン トントン　トントン トントン　トントン トン

⑦の手の開閉に合わせて、
⑦が上・中・下・中……
で手を打ちます。

246

## 鯉の滝のぼり〈福岡県〉

こいの　たきの　のぼりゃ　なんというて　のーぼーる

あかちゃんをだいてゆらしながら
歌います。

大きな子どもたちは、
2人組でしっかりつな
いだ腕を滝に見立てて
ゆらしながら、うつぶ
せの子（鯉）を移動さ
せます。

## ふーゆべまー〈沖縄県〉

ふ　ゅべ　まー　　なか　ゆべ　ま

**大きい指＝親指**　　　　　　**中指＝人差し指**

たか　てぃー　ま　れま　　かん　ざ　せ　ま

**高い指＝中指**　　　　　　**かんざしをさす指＝薬指**

が　さ　め　ま　　あん　ま　　かい　おり　ジョロ　ジョロ

**小ガニのような指＝小指**　　**お母さん**　　　**井戸へ行って（洗たく）**

手を表裏に
返します

左右にふります

ジョロ　ハイ　　ジョロ　ジョロ　　ジョロ

八重山諸島の竹富島の手遊び歌。歌詞は地元の言葉で「ふーゆべまー」は大きい指（親指）の
ことで、親指をさしながら歌います。赤ちゃんの手をとって、あやしながら遊んだりします。

# 九州・沖縄地方の
# 郷土玩具

佐世保独楽

　古くからヨーロッパや大陸に対する開港地であった長崎や琉球国として大陸と貿易していた沖縄は、異国情緒を感じさせる独特な郷土玩具をつくりあげています。その１つである長崎の「佐世保独楽」は、つりがね型の胴体に大陸的な配色のしまが描かれ、鉄芯の先が剣のようにとがっていて、長く回るのを競うだけでなく、他の人のこまを目がけて投げ割るという遊びの激しさもあります。

## おばけ金太〈熊本県〉

ねり物製の赤面の首人形で、後ろの糸を引くと、ばねのしかけで目玉が変わり、舌を出すので「目くり出し人形」とも呼ばれていました。加藤清正が城主のころにいた金太というおどけ者を人形化したと伝えられています。

## 五島のばらもん凧〈長崎県〉

日本列島の西のはじの五島列島で古くからつくられてきたものです。「ばらもん」とは方言で元気・活発などの意味です。絵がらは鬼がかぶとをくわえた姿で、男の子の初節句に空高くあげられます。独特のうなり音を立てて勇しくまう姿に、子どもの健やかな成長を願ってきました。

## 古賀人形　阿茶さん〈長崎県〉

阿茶さんとは、あちらの人という意味です。江戸時代、長崎出島に来港した中国の商人や船員たちが唐人屋敷から出ることを許されず、軍鶏を飼ってふるさとへの思いをなぐさめたのを表しているといわれています。開港地らしい異国情緒あふれる黒・赤・黄・灰色で彩色されています。

## 太宰府の木うそ
〈福岡県〉

全国の菅原道真をまつる神社（天満宮）では「鷽かえ神事」が行われます。鷽が嘘に通じることから、前年にあった災厄などを嘘にかえ、新しい年は吉となることを願います。太宰府天満宮では1月7日に、朴の木にけずりかけの羽をもつ「木うそ」を「かえましょう、かえましょう」と呼び合いながら交換し合います。

## 張り子　迦陵頻伽〈沖縄県〉

沖縄の張り子玩具は、士族の子ども達のためにつくられていたものが明治以降、庶民にまで広まったといわれています。ハーリー（爬龍船競漕）が行われるユッカヌヒー（旧暦の5月4日）の玩具市で売られました。迦陵頻伽は、沖縄の言葉でカロービンガ。上半身が人で、下半身が鳥の想像上の生き物で、極楽浄土に住むとされています。その声は非常に美しく、仏の声をたとえるのに使われ、「好声鳥」「妙音鳥」などと訳されています。

## 神代独楽〈宮崎県〉

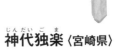

佐土原に伝わる竹製のこまは、胴体にうなり窓を開けてあり、ひもを巻いて投げると、ブーンと音を立てながら回ります。江戸時代、佐土原は島津領だったので、丸に十字の島津の家紋がつけられています。ここで見られるデザインは、竹を輪切りにし、切りぬいた紙（丸に十字）をはって松を焼いた煙でいぶして竹の表面を黒くし、紙をはがして模様を浮かび上がらせるというものです。

# 子どもと地域の祭り

文／渡邊由恵

## 市民性・社会性の芽を育む
## 地域の役割

　町内にある小さな神社。夏季大祭では、地域の子どもたちによるお獅子回しや子ども神輿の奉納が行われる。獅子を持って各家庭を回ったり、大きな団扇を持って神輿を先導したりするのは高学年の子どもたち。小さな子どもたちは、神輿に結び付けられた赤白の組み紐を握って大きな子どもたちについて歩く。年に一度のお祭りで「わっしょいわっしょい」と声を合わせ練り歩くだけでも楽しかったが、獅子や大きな団扇を持って先導する高学年の子どもたちを憧れの眼差しで見つめていた。「いつかは自分も……」そう思いながら。

　高学年となり、憧れていた役割を与えられた時の喜びは大きなものだった。両手で大きな団扇を持って意気揚々と先頭を歩いていると世話役の大人から声が掛かった。「後ろば見てみい。着いて来られよらんやないか。」その声にハッとして後ろを振り返ると、自分たちと神輿との間が空いている。慌てて神輿の方に近づき、それからは前後左右に気を配り、時には列の後ろに行き小さな子どもたちを励ました。

　華やかに見えた特権の裏には役割や責任があり、だからこそ大きな子どものみに与えられる特権であることを実感し、自分がその場でどのように振る舞えばよいのか考えるきっかけとなった。

　また、特別な日に役割と責任を果たすことで得た自信や誇りは子どもなりの社会性や市民性の芽を育み、日々の暮らしの中で経験として生かされていたように思う。子どもも社会の一員であり、将来他者と協働しながらより良い未来を築いていく存在である。そのことを社会が認識し、子どもの市民性の芽を培う場を大切にしていかなければならないと考える。

# 年中行事や祭り　情報の確認、写真提供の協力者一覧

| 地域 | 頁 | 名称 | 時期 | 開催地 | 情報の確認、写真提供の協力者 |
|---|---|---|---|---|---|
| 北海道・東北 | 196 | 泉山七歳児初参り | 7月25日<br>(旧暦6月12日) | 青森県三戸郡<br>三戸町泉山 | 三戸町教育委員会 |
| | 196 | チャグチャグ馬コ | 6月第2土曜<br>(旧暦5月5日) | 岩手県盛岡市、<br>滝沢市 | チャグチャグ馬コ保存会<br>(盛岡市観光交流課) |
| | 197 | 月浜のえんずのわり(鳥追い) | 1月11〜14日<br>(小正月) | 宮城県東松山市<br>宮戸の月浜地区 | 宮城県教育委員会 |
| | 197 | 上郷の小正月行事 | 1月15日(小正月)頃 | 秋田県にかほ市象潟町<br>上郷地区の横岡、大森 | にかほ市教育委員会文化財保護課 |
| | 198 | 象潟の盆小屋行事 | 8月12〜15日(お盆) | 秋田県にかほ市<br>象潟海水浴場 | にかほ市教育委員会文化財保護課 |
| 関東 | 206 | 東関東の盆綱 | 8月13〜15日(お盆) | 茨城県・千葉県<br>霞ヶ浦〜印旛沼 | 茨城県教育庁総務企画部文化課 |
| | 207 | かつぎまんどう | 秋(9月末頃)の2日間 | 群馬県利根郡<br>昭和村の川額、森下 | 昭和村役場 |
| | 207 | 西小磯の七夕行事 | 8月7日頃の土日(七夕) | 神奈川県中郡<br>大磯町西小磯 | 大磯町郷土資料館 |
| | 208 | 和良比はだか祭り(どろんこ祭り) | 2月25日 | 千葉県四街道市 | 四街道市役所 |
| | 208 | 十日夜 | 11月9日<br>(旧暦10月亥の日) | 埼玉県狭山市 | 狭山市福祉こども部保育幼稚園課、<br>柏原保育所 |
| 中部 | 214 | さいの神 | 1月15日(小正月) | 新潟県長岡市<br>山古志地域 | 長岡市山古志支所 |
| | 214 | 砺波市出町子供歌舞伎曳山 | 4月29〜30日 | 富山県砺波市 | 砺波市出町子供歌舞伎曳山会館 |
| | 215 | 地蔵盆 | 8月23日 | 福井県小浜市<br>西津地区 | 小浜市役所商工観光課 |
| | 216 | お天神講 | 12月25日頃 | 山梨県北杜市 | 北杜市教育委員会 |
| | 216 | さなぶり | 6月中旬〜下旬 | 静岡県掛川市<br>大淵地区 | 掛川市教育委員会 |
| 近畿 | 224 | 狐狩り | 1月14日(小正月) | 兵庫県養父市<br>大屋町 | 養父市役所大屋地域局 |
| | 224 | おんごろどん | 1月(小正月前) | 京都府京田辺市<br>宮ノ口・江津区 | 一般社団法人京田辺市観光協会 |
| | 225 | やしゃりさん | 1月5日 | 滋賀県竜王町<br>林地区 常信寺 | 滋賀県竜王町観光協会 |
| | 225 | 大和神社ちゃんちゃん祭り | 4月1日 | 奈良県天理市<br>新泉町 | 大和神社 |
| | 226 | シャカシャカ祭り | 6月5日(旧暦5月5日) | 奈良県橿原市<br>上品寺町 | 橿原市 |
| | 226 | 粟生のおも講と堂徒式 | 2月(旧暦1月8日) | 和歌山県<br>有田川町 | 和歌山県教育委員会 |
| 中国・四国 | 232 | 宝木の菖蒲綱 | 6月第2土曜<br>(旧暦5月5日) | 鳥取県鳥取市<br>気高町宝木 | 宝木菖蒲綱保存会 |
| | 233 | とろへい | 1月(小正月) | 島根県飯南町 | 飯南町教育委員会 |
| | 233 | ししこま | 8〜9月頃<br>(八朔 旧暦8月1日) | 岡山県瀬戸内市<br>牛窓 | 牛窓しおまち活性化プロジェクト |
| | 234 | 虫送り | 7月2日頃(半夏生) | 香川県小豆郡<br>小豆島町 | 小豆島町役場 |
| | 234 | 高山　五つ鹿踊り | 11月下旬 | 愛媛県西予市<br>明浜町高山 | 賀茂神社氏子総代会<br>高山よいとこな会 |
| 九州・沖縄 | 242 | 鬼夜のシャグマ(赫熊)の子どもたち | 1月7日 | 福岡県久留米市<br>大善寺町宮本 | 大善寺玉垂宮 鬼夜保存会 |
| | 243 | バーサランダ祭 | 7月25日 | 熊本県山鹿市<br>鹿央町上千代 | 熊本県博物館ネットワークセンター<br>撮影：白石巖 |
| | 243 | ヘトマト | 1月第3曜日 | 長崎県五島市<br>下崎山地区 | 五島市教育委員会 |
| | 244 | そらよい | 9月末頃(旧暦8月15日) | 鹿児島県南九州市<br>知覧町 | ミュージアム知覧 |
| | 244 | ユッカヌヒー | 5月末頃(旧暦5月4日) | 沖縄県内各地 | 玩具ロードワークス（豊永盛人）、<br>東京おもちゃ美術館 |

# わらべうたは私たちの根っこ

文／田村洋子

## わらべうたって何でしょう？

　「わらべうたを知らない」と言う方に出会うことがあります。1950年生まれの私も、子どものころに「♪あんたがたどこさ　ひごさ……」と、まりをつきながら歌い、だるまさんがころんだ！　と遊んでいた歌がわらべうたであることを、子育てをしているときに知りました。ちょうど、子どもの遊びが著しく変化して行くころ、わらべうたと再会し、子どもと遊ぶ中で、コミュニケーションを豊かにするのにわらべうたが役に立つ、とても重要な存在である、と気づかされました。

　では、わらべうたとは何でしょう。日本で最古のわらべうたとして記録されているのは平安時代、幼い鳥羽天皇が御所の庭に降りしきる雪をながめて歌われた「ふれふれこゆき」（『日本のわらべうた』尾原昭夫編著、文元社）です。しかし、多くのわらべうたは作詞作曲者がわかりません。身の回りの自然、植物、生き物、数、出来事などを歌い遊んだものが長い年月を経て今に伝わっているのです。全国に1万曲以上あると言われていて、同じ歌でも方言や気候で違いがあり、風土から生まれる文化の豊かさを感じ取ることができます。

　また、わらべうたは日本語のイントネーション、日本独特の音階で、子どもも大人も歌いやすいものとなっていて、「かくれんぼするものこの指とまれ」「あーした天気になーれ」「おしくらまんじゅう」などは、意識することなく子どもは自然に口ずさみます。

## 現代に生きるわらべうた、活かすわらべうた

　現在、保育や音楽の教材として伝えられているわらべうたは、ともすると音程を正しく、拍を正しくというような要素が強く出ていたりします。そして、日常的に伝えられているわらべうたも存在し続けています。「わらべうたは子どもの中で変化し歌われ続けている、それ

が、わらべうたが生きているということだ」と民族音楽学者の小泉文夫氏が『子どもの遊びとうた』（草思社）の中で伝えているように伝承の底力を感じます。

　今、子どもの体力不足、コミュニケーション不足、自然体験不足と言われていますが、子どもに原因があるのではなく、大人のつくった社会に原因があるのです。その不足している部分を、わらべうたを使って補うことが可能です。なつかしいから伝えたいのではなく、伝承が同じことをくり返すことだけでもなく、わらべうたにこめられている力を時代に合わせて伝えていくことを大切にしたいのです。

　私が理事長を務めるNPO法人日本わらべうた協会では、「郷土の文化、日本の文化としてのわらべうたを、遊んだことのある人が伝えていく」ことを実践しています。高齢者は思い出す場になり、乳幼児親子から小中高生、社会人まで幅広い世代に遊びを伝える場となっています。そこでは、みなが伝承していく大事な遊びと気づいてくれることをうれしく思っています。


　講座や活動の中での参加者の感想をいくつかご紹介します。
・インターネットで何でも調べられるが、わらべうたのように人から人へ直接伝えること、そして、その温かさが大切なんだと感じました。（若いパパ）
・海外に５年家族で駐在しました。行く前にわらべうたを知っていたらもっと交流ができたのに残念です。（小学生と親）
・娘が小学６年生の時に登校拒否になりました。ある日「昔遊んだあの手遊びどうやったかな？」とたずねてきたので、いっしょに思い出しながら遊びましたら、その後に、復帰したんです。（中学生の親）
・子どもが学校で落ちこむできごとがありました。そのようなときに口ずさんでいたのがわらべうたでおどろきました。（高校生の親）
　このように、今後さらにIT化が進み人と人との直接的なふれ合いが希薄になる社会には、人から人へ伝承していくわらべうたが重要な役割をしていくことと思います。ぜひみなで日常にわらべうたを取りもどしましょう。

おわりに

# 伝承遊びは"子ども遊び革命"

文／多田千尋

## 今こそ、伝承遊びを

　昔の子どもたちは遊びの天才でした。友だちと会えない雨降りの日は一日がとても憂鬱になったり、留守番をお願いされるとその日一日が暗い気持ちになりました。それくらい遊ぶことは子どもたちにとって、生きがいであり人生そのものだったのです。知恵をふくらませながら、身体も思いっきり使う、そして五感で楽しむ伝承遊びが、今やなつかしく思われます。しかし、ハイテク全盛期で子ども社会がコミュニケーション不足の今だからこそ、そして、遊びの力が低下している現代の子どもにこそ、頭も使い、手足も使い、そして五感で勝負する伝承遊びは、子ども時代の"必修科目"です。遊びのカロリーが不足しがちな現代の子どもたちに、保育者や教師、子ども施設の指導員、子育て中の親たちが遊びの管理栄養士になって、伝承遊びの栄養補給に努めていただきたいと切望いたします。

## 伝承遊びは多世代交流

　かつて遊びは子どもたちの手によってつくられ、遊びを通して子どもたちはカロリーの高い栄養補給をしてきました。しかも年上の兄貴分たちが、見事なまでに年少者に遊びの楽しさを伝授してきたことも目を見張るシステムです。また、遊びの引き出しをたくさん持っている、教えたがり屋のお年寄りの存在も見逃せません。遊びに限らず、文化全般の伝承形態は、親子のような近しい関係よりも一つ飛び越えた祖父母と孫の関係のほうがより伝わりやすいといわれています。50年は開

きのある間がらにおいて、これまでどれだけの大量の遊び文化が伝わったか計り知れないものがあります。

　こうした遊びの伝承形態は、身体を思いっきり使う外遊びでは、子どもの身体能力をたくましく伸ばし、チャレンジ精神も育んできました。カード遊びや盤ゲームなどのルール主導の遊びは、きちんと理解し、納得できること、そのために遊びを教えてくれる先輩がいることが必須です。いっしょに遊びながら人と人との関わりを学ぶことをうながし、人間同士の豊かなコミュニケーション力を身につけさせます。

## 伝承遊びの“応援団”たち

　裁縫道具を使いこなすことも多かった人形遊びやお手玉づくり、小刀を使いこなしてつくる竹とんぼやパチンコなどは、道具の利活用が必須です。伝承遊びやおもちゃづくりを通して道具を使いこなせるようになった子どもたちも数限りなくいることでしょう。

　また、子どもたちは素材研究の天才でした。ひもがあればあやとりに夢中になり、紙があれば鶴やかぶとをつくることはお手の物でした。木の実がままごとに生かされ、小枝は刀の役目も果たしました。つまり、道具を使いこなす、あらゆる素材に挑む、こうした遊びのチャレンジャーたちは、あふれるほどの好奇心とみなぎる創造力によって今に伝わる遊びを楽しんできたのです。

　子どもたちの遊びごころをふくらませ、遊び活動の応援団としては、年中行事も一役買っていました。お正月になるとカルタやすごろくの出番がやってきて、ひな祭りにはおひな様が小箱の中から登場します。こうした季節の遊びは日常生活に新しい空気を運んでくれます。一年に一回おもちゃを買ってもらえる祭りや縁日は子どもの世界では貴重でした。かつての子どもたちは、おもちゃはつくるもので、おやつは柿や芋などをもらったり、自ら調達するものでしたから、琉球時代から続

いていた「ユッカヌヒー」も、子どもがおもちゃを唯一買ってもらえる日で、多くの子どもたちがその日がやって来ることを待ち望んでいました。

　地域に無数に点在する素材、生活の身の回りの材料、そして、子どもたちを魅了する道具や年中行事などは、まさに伝承遊びの応援団といっても過言ではありません。


## 子どもの未来がいつの時代も輝くために

　子ども時代は、遊びを通じてたっぷりと子ども同士がもみ合い、もまれ合うといった機会や体験がとても大切な時期です。子ども時代にこうした"人間研究"を十分にすることによって、子どもたちの生きる力は豊かに育っていきます。

　科学技術が進み、目に見えないほどのスピードで情報が飛び交う現代では、子どもたちの遊びはすっかり変ってしまいましたが、「昔はよかった」という話にはきりがありませんし発展もありません。大人たちも社会全体がせわしくなっている今日、子ども同士や親子でじっくりとコミュニケーションを交わすために伝承遊びも大切にしていきたいものです。

　「子どもの未来がいつの時代も輝くために」——これは東京おもちゃ美術館が開館した1984年からとなえ続けてきたテーマです。新しい時代に向けた永遠のテーマとして本書の川底を脈々と流れているものでもあります。この古くて新しい伝承遊びは子どもの未来や可能性を切り開く羅針盤になりえると思っています。子どものために、世代間交流のために、そして保育や教育のために、伝承遊びという大海原に向かって、読者の皆様の航海を助ける書となることを期待しています。


➡ 「ユッカヌヒー」については244ページにもあります。

# 索引 （総合）

# 索　引 （年中行事や祭り）

# 索　引 （歌って遊ぶ）

# 索　引 （つくって遊ぶ・描（か）いて遊ぶ）

# 参考文献・お薦め書籍

『にっぽんの歳時記ずかん』 平野恵理子著、幻冬舎エデュケーション

『祭りと儀礼 子どもの歳時記』 天野武著、柏書房

『日本のお祭り 東日本編』『日本のお祭り 西日本編』 平野勲著、現代評論社

『加越能の曳山祭』 宇野通著、能登印刷出版部

『明野の祭りと民俗 おやなぎ 筒がゆ むし送り…』 NPO茅ヶ岳歴史文化研究所編、北杜市教育委員会

『須玉HITO文庫第1号 すたまのお祭りごよみ』 須玉の食文化を考える会編、須玉町教育委員会

『須玉HITO文庫第4号 すたまのあそび』 須玉の食文化を考える会編、須玉町教育委員会

『大和神社の祭りと伝承』 桜井満・菊地義裕編、桜楓社

『みる きく たべる 祭―リズム 中四国を歩く』 小沢康甫著、南々社

『傑作画集成 明治のこども遊び』 山本駿次朗編、国書刊行会

『にほんのあそびの教科書』 にほんのあそび研究委員会編著、土屋書店

『子どものあそび百科 全5巻』 多田千尋監修、日本図書センター

『図解 あそびの事典』 垣内芳子他著、東陽図書

『ふるさと子供グラフィティー』 原賀隆一絵・文、クリエイトノア

『ふるさと子供ウィズダム』 原賀隆一絵・文、クリエイトノア

『ふるさと子供遊びの学校』 原賀隆一絵・文、クリエイトノア

『伝承遊び事典』 芸術教育研究所編、黎明書房

『伝承あそび12ヵ月』春・夏・秋・冬の巻 芸術教育研究所編、黎明書房

『手あそびゆびあそび』 芸術教育研究所編、岩崎書店

『日本の子どもの遊び 上』『日本の子どもの遊び 下』 かこさとし著、青木書店

『日本児童遊戯集』 大田才次郎編・瀬田貞二解説、平凡社(東洋文庫122)

『郷土玩具辞典』 齋藤良輔編、東京堂出版

『十二支 郷土玩具から』 齋藤良輔監修、朝日新聞社

『民芸の里・郷土玩具の町』 山本鉱太郎著、実業之日本社

『郷土玩具の旅』 児玉嘉生著、近代文藝社

『ふるさと玩具図鑑』 井上重義(日本玩具博物館)著、平凡社

『日本と世界おもしろ玩具図鑑』 日本玩具博物館編、神戸新聞総合出版センター

『日本のおもちゃ 愛蔵版』 山田徳兵衛著、芳賀書店

『大江戸カルチャーブックス 江戸の遊戯 貝合せ・かるた・すごろく』 並木誠士著、青幻舎

『びゅんびゅんごまがまわったら』 宮川ひろ著、童心社

『おはじき』 東京おもちゃ美術館監修・文、文溪堂

『七夕と人形』 松本市立博物館編、郷土出版社

『七夕の紙衣と人形』 石沢誠司著、ナカニシヤ出版

『子どもと楽しむ行事とあそびのほん』 すとうあさえ絵・さいとうしのぶ文、のら書房

『「和」の行事えほん 春と夏の巻』『「和」の行事えほん 秋と冬の巻』 高野紀子作、あすなろ書房

『かこさとし こどもの行事 しぜんと生活 全12巻(1月のまき〜12月のまき)』 かこさとし文・絵、小峰書店

『かこさとし あそびずかん 全4巻(はるのまき・なつのまき・あきのまき・ふゆのまき)』 かこさとし文・絵、小峰書店

『こどものとも　おべんともっておはなみに』　こいでやすこ作、福音館書店

『こどものとも　たなばたまつり』　熊谷元一作・絵、福音館書店

『こどものとも　いもぱくり』　伊藤秀男作、福音館書店

『こどものとも　ふくねずみすごろくばなし』　わたりむつこ作・ましませつこ絵、福音館書店

『こどものとも　はるよこい』　わたりむつこ作・ましませつこ絵、福音館書店

『かがくのとも　うーらうららはるまつり』　長谷川摂子文・沼野正子絵、福音館書店

『かがくのとも　ほくとしちせい』　藤枝澪子文・辻村益朗絵、福音館書店

『かがくのとも　すすき』　菅原久夫文・白根美代子絵、福音館書店

『かがくのとも　みんなでもちつき』　菊池日出夫作、福音館書店

『かがくのとも　まいてきっておいしい！　ひなまつり』　小林ゆき子作、福音館書店

『日本わらべ歌全集（全27巻39冊）』　松本達雄・更科源蔵他著、柳原出版

『日本のわらべうた―室内遊戯歌編』　尾原昭夫編著、社会思想社（文元社）

『日本のわらべうた―戸外遊戯歌編』　尾原昭夫編著、社会思想社（文元社）

『子どもの遊びとうた』　小泉文夫著、草思社

『わらべうた　上』『わらべうた　下』　谷川俊太郎作・堀内誠一絵、冨山房

『わらべうたあそび（1）』『わらべうたあそび（2）』　芸術教育研究所編、黎明書房

『あがりめさがりめ』　ましませつこ絵、こぐま社

『あんたがたどこさ』　ましませつこ絵、こぐま社

『いっしょにうたって！』　ましませつこ絵、こぐま社

『いっぱいうたって！』　ましませつこ絵、こぐま社

『ととけっこうよがあけた』　こばやしえみこ案・ましませつこ絵、こぐま社

『まてまてまて』　こばやしえみこ案・ましませつこ絵、こぐま社

『せんべ　せんべ　やけた』　こばやしえみこ案・ましませつこ絵、こぐま社

『いろいろおせわになりました』　やぎゅうげんいちろう著、福音館書店

『けん玉』　丸石照機・鈴木一郎・千葉雄司著、文溪堂

『はじめてでも絶対できる！三山ひろしのけん玉教室』　三山ひろし著、幻冬舎

『ひっつきむしの図鑑』　北川尚史 監修・伊藤ふくお写真・丸山健一郎文、トンボ出版

『新装版 野外毒本 被害実例から知る日本の危険生物』　羽根田治著、山と渓谷社

『身近な草木の実とタネハンドブック』　多田多恵子著、文一総合出版

『増補改訂版 葉っぱで調べる身近な樹木図鑑―実物大で分かりやすい！』　林将之著、主婦の友社

『ポケット版 身近な昆虫さんぽ手帖』　森上信夫著・写真、世界文化社

『手づくりの草花グッズ・草花あそび（手づくりシリーズ8）』多田信作監修・芸術教育研究所草花あそび研究班編集、黎明書房


**DVD、ネット配信**　子どもの居場所づくり支援教材（平成20年度子どもゆめ基金助成活動）
『みんなで遊ぼう、わらべうた遊び』　NPO法人日本わらべうた協会

**DVD、ネット配信**　（平成24年度子どもゆめ基金助成活動）
『みんなで遊ぼう、自然あそびとわらべうた ―光や風と遊び、土や水と遊ぶ―』　NPO法人日本わらべうた協会

**ＤＶＤ**　『けん玉世界一周 だれにでもできる秘密の方法をそっと教えます！』けん玉JAPAN

**監修・執筆** 多田千尋（東京おもちゃ美術館館長、認定NPO法人芸術と遊び創造協会理事長）
　　　　　　松岡義和（名寄市立大学名誉教授）
　　　　　　小島摩文（鹿児島純心女子大学大学院教授、民俗学者）
　　　　　　田村洋子（NPO法人日本わらべうた協会理事長）
　　　　　　村松亜希子（NPO法人生態教育センター主任研究員）
　　　　　　川合止戈光（東京おもちゃ美術館主任学芸員）


**執　　筆** 村中李衣（ノートルダム清心女子大学教授、児童文学作家）
　　　　　　今野道裕（名寄市立大学教授）
　　　　　　正岡慧子（児童文学作家）
　　　　　　善本眞弓（東京成徳大学教授）
　　　　　　渡邊由恵（久留米信愛女学院短期大学准教授）
　　　　　　山口裕美子（認定NPO芸術と遊び創造協会客員研究員、おもちゃコンサルタントマスター）
　　　　　　稲葉恭子（認定NPO芸術と遊び創造協会理事、NPO法人青梅こども未来常務理事）
　　　　　　荻須洋子（認定NPO芸術と遊び創造協会理事、認定NPO法人難病のこども支援全国ネットワーク）
　　　　　　多田純也（認定NPO芸術と遊び創造協会理事、舞台実演家）
　　　　　　竹田ひとみ（大谷大学附属大谷幼稚園副園長）
　　　　　　奥山美紀（デイサービスセンターひしの美（併設 ひしの美東保育園））
　　　　　　齋藤香（おもちゃコンサルタント、エディター）
　　　　　　菊池貴美江（認定NPO法人芸術と遊び創造協会）


**協　　力** 千葉雄司（公益社団法人日本けん玉協会認定指導員、慶應義塾幼稚舎教諭）
　　　　　　山田修靖（東京おもちゃ美術館おもちゃ学芸員、初台ベーゴマクラブ代表）
　　　　　　近藤直恵（かしのき保育園主任）
　　　　　　松本市立博物館
　　　　　　株式会社かまわぬ
　　　　　　一般社団法人日本玩具協会
　　　　　　川瀬弓子（医療法人社団川瀬神経内科クリニック・通所リハビリテーション樫の森事務長）
　　　　　　村島千文（ひかり保育園副園長／鳥取県倉吉市）
　　　　　　松井寿（愛媛県歴史文化博物館専門学芸員）
　　　　　　幸田裕司（一般社団法人愛媛県ネットワーク協会代表理事）
　　　　　　写真モデルの子どもたち（小沢莉乃、小沢慧翔、鈴木那奈、難波樹の羽、新津奏美、新津綾美）
　　　　　　認定NPO法人芸術と遊び創造協会（旧・日本グッド・トイ委員会）会員・支部の皆様
　　　　　　　北海道支部（菊地三奈、坪江利香）
　　　　　　　岐阜支部（浅野美香子、加藤理香）
　　　　　　　埼玉支部（山岡千秋）
　　　　　　　神奈川支部（あだちヒロシ、甘利京子）
　　　　　　　福岡支部（渡邊由恵、久保香子、詰坂晴代、永山玲子、楢林瑞枝、原孝子、日高真理）
　　　　　　　宮崎支部（甲斐鈴恵、松河静子）
　　　　　　夏の芸術教育学校受講生の皆様
　　　　　　東京おもちゃ美術館（石井今日子、小原晶子、橘高春生、佐野佐和子、他）
　　　　　　認定NPO法人芸術と遊び創造協会人材育成部（磯忍、高橋亜希子、武田真理恵、津村一美、吉川美智子、他）

　　　　　※「第3章 年中行事や祭り」の情報の確認、写真提供のご協力をいただきました皆様は、
　　　　　　251ページ に一覧表を掲載しました。

編　者　東京おもちゃ美術館（認定NPO法人芸術と遊び創造協会）

「東京おもちゃ美術館」は、赤ちゃんからお年寄りまでが豊かな出会いと楽しみを体感できる
ミュージアムです。2008年春、東京都中野区から新宿区の旧四谷第四小学校に移転しました。11教室を使った豊かな空間には世界中からやってきた美しいおもちゃ、日本の伝承的なおもちゃ、心を癒やす国産の木製玩具が多数あり、実際に手にとって遊ぶことができます。NPO法人が運営するミュージアムとして、300名を超えるボランティアスタッフ「おもちゃ学芸員」をはじめ、地域の方など多くの方々と協力し、運営を進めています。

**認定NPO法人芸術と遊び創造協会**

東京おもちゃ美術館を運営する芸術と遊び創造協会は、いつの時代も人間の生活やいのちを輝かせる「芸術」と人類が生んだ最高の宝物である「遊び」の2つの「ちから」を多世代にわたって最大限に活かし、真に豊かな暮らしや平和な社会を創造することを目指して活動しています。今年10周年を迎える「東京おもちゃ美術館」を拠点として、姉妹おもちゃ美術館をオープンさせたり、子どもから高齢者までの遊びやアクティビティ支援のための人材育成など下記のような活動を展開しています。

**10の支援活動の領域**

| 1. 多世代交流支援 | 2. おもちゃ選び支援 | 3. 地域遊び支援 | 4. 木育推進支援 |
|---|---|---|---|
| 東京おもちゃ美術館を運営 | グッド・トイ選定活動 | 移動型おもちゃ美術館 | ウッドスタート活動 |

| 5. 空間構築支援 | 6. 人材育成支援 | おもちゃインストラクター、おもちゃコンサルタント、おもちゃコンサルタントマスター、木育インストラクター、保育ナチュラリスト、アクティビティインストラクター、アクティビティディレクター、初級絵画指導インストラクター、上級絵画指導インストラクター、絵画指導スペシャリスト |
|---|---|---|
| 遊びの空間をデザイン | さまざまな資格認定制度 | |

| 7. 高齢者福祉支援 | 8. 子育て支援 | 9. 病児の遊び支援 | 10. 国際交流支援 |
|---|---|---|---|
| アクティビティ・ケア | おもちゃの広場 | 小児病棟での遊びボランティア | おもちゃ文化の海外交流 |

企　画　多田千尋

イラスト　伊藤靖子

デザイン　株式会社ネオ・コミュニケーションズ（鳥井龍吾、北見淳、鎌田夏希）
　　　　　YUKO HIRASAWA DESIGN（平澤優子）、MiCURI DESIGN（浅野由紀子）

編　集　齋藤香、菊池貴美江

**お問い合わせ**

東京おもちゃ美術館、認定NPO法人芸術と遊び創造協会(四谷オフィス)
〒160-0004 東京都新宿区四谷4-20
Tel: 03-5367-9601 Fax: 03-5367-9602
Mail: yotsuya@art-play.or.jp

認定NPO法人芸術と遊び創造協会(中野オフィス)人材育成部
〒165-0026 東京都中野区新井2-12-10
Tel: 03-3387-5461 Fax: 03-3228-0699
Mail: nakano@art-play.or.jp

日本伝承遊び事典

2018年2月15日 初版発行

| | |
|---|---|
| 編 者 | 東京おもちゃ美術館 |
| 発行者 | 武 馬 久 仁 裕 |
| 印 刷 | 藤 原 印 刷 株 式 会 社 |
| 製 本 | 株 式 会 社 渋 谷 文 泉 閣 |

発 行 所　　　　　株式会社　黎 明 書 房

〒 460-0002　名古屋市中区丸の内 3-6-27　EBS ビル　☎052-962-3045
　　　　　　　FAX052-951-9065　振替・00880-1-59001
〒 101-0047　東京連絡所・千代田区内神田 1-4-9　松苗ビル 4F
　　　　　　　☎03-3268-3470

多田信作監修　芸術教育研究所他編　　　　Ａ５上製・295頁　4000円

# 手づくりおもちゃ事典
**伝承手づくりおもちゃから現代の手づくりおもちゃまで**

年齢・発達に即した手づくりおもちゃ100余のつくり方・遊び方を図説。カラー40頁。

---

東京おもちゃ美術館監修　　　　　　　　　Ｂ５・94頁　2000円

# おもちゃインストラクター入門
**子どもの発達に合わせた玩具と手づくりおもちゃを学ぶ**

玩具や手づくりおもちゃを使ったあそびを通して，子どもたちの身心の発達をサポートする，「おもちゃインストラクター」のノウハウを集約。

---

多田千尋編著　　　　　　　　　　　　Ｂ５・各93頁　各2000円

# スーパーアドバイザーになるための
# おもちゃコンサルタント入門①②
① おもちゃを使った子どもから高齢者までのケア
② 人々の生活の中に生き続けるおもちゃ

---

日本おもちゃ病院協会監修　松尾達也著　　　Ｂ５・99頁　1800円

# おもちゃドクター入門
**おもちゃ修理のマニュアルから病院開設まで**

身近なおもちゃの故障を自分で直してみませんか。修理道具の使い方，基本的なパーツ，故障の症状パターンと対策などわかりやすく解説。

---

認定ＮＰＯ法人日本グッド・トイ委員会監修　松井勅尚編著　Ｂ５・72頁　2000円

# 幼児の心とからだを育むはじめての木育
**木にふれる・木でつくる・木で遊ぶ保育**

保育のプロはじめの一歩シリーズ⑥　子どもは木や森とふれあい，健全に成長する。木の基礎知識，木工道具の使い方などもわかりやすく紹介。

---

芸術教育研究所編　　　　　　　　　　　Ａ５・139頁　1800円

# 4・5歳児がつくってあそべる手づくりおもちゃ45
幼児のゲーム＆あそび④　子どもの発達に配慮した手づくりおもちゃ45種のつくり方・遊び方を図説。手づくりおもちゃづくりの指導のポイントも詳述。『4・5歳児にもつくれる手づくりおもちゃ集』新装・改題・改版。

---

小島律子・関西音楽教育実践学研究会著　　Ａ５上製・159頁　2500円

# 学校における「わらべうた」教育の再創造
理論と実践

DVD付き

物や人と積極的にかかわろうとする意欲と，コミュニケーション能力の育成をめざした，21世紀の新しい「わらべうた教育」の考え方・進め方の指針。

---

＊表示価格は本体価格です。別途消費税がかかります。

■ ホームページでは，新刊案内など小社刊行物の詳細な情報を提供しております。「総合目録」もダウンロードできます。　　　　http://www.reimei-shobo.com/